Clara Porák

alles fühlen

GLETSCHER

Clara Porák

alles fühlen

Auf den folgenden Seiten befinden sich Schilderungen von sexualisierter Gewalt: S. 26 f., 88 f., 96 f., 115 ff., 125 f., 165 ff..

Auf den folgenden Seiten befinden sich Schilderungen von geschlechtsspezifischer Gewalt/Gewalt in Partner*innenschaften: S. 101 f., 138, 141 f. (Femizide).

Auf den folgenden Seiten befinden sich Schilderungen von ableistischer Gewalt: S. 51 f., 95 f., 115 f., 169 f..

Auf den folgenden Seiten befinden sich Schilderungen von rassistischer Gewalt: S. 44 f., 63 f., 102 f. (Polizeigewalt), 104 (Antisemitismus), 151 f. (Gewalt gegen Geflüchtete).

Auf den folgenden Seiten befinden sich Schilderungen von Rassismus und kolonialer Gewalt: S. 66 ff. (Gewalt gegen Geflüchtete, Gewalt im Congo, Gewalt gegen Romn*ja und Sint*izze), S. 176.

Auf den folgenden Seiten befinden sich Schilderungen von queerfeindlicher Gewalt: S. 104 f., 120.

Auf den folgenden Seiten befinden sich Schilderungen von systemischer Gewalt: S. 43 ff., 59 ff..

Auf den folgenden Seiten befinden sich Schilderungen von negativem Körperbild/Körpergefühl: S. 18–22, 38–40, 60 f., 80, 112 f.

Mein Bruder deckt den Tisch.
Ich sehe ihm zu, wie er die Gabeln dreht,
die Teller hebt.
Er greift jedes Stück Geschirr behutsam, liebevoll.

Ich denke, dass es das ist, worauf es ankommt:
Den Tisch decken, damit wir gemeinsam
essen können.
Am Wasser sitzen und halbnass
die Zeit vergessen.
Im Wald stehen und froh sein, dass die Bäume
viel höher sind, als ich es bin.
Es gibt keine kleinen Dinge. Alles ist groß.

“I know we’re still here, who knows for how long, ablaze with our care, its ongoing song.”[1]

— Maggie Nelson, The Argonauts

alles fühlen

Gefühle sind politisch.
Das heißt: Wir lernen, was wir wann fühlen sollen.
Aber: Gefühle können wir ändern.
Deshalb sage ich:
Diese Veränderung ist wichtig.

Es ist draußen noch dunkel, als ich den Saum meines Pullovers zwischen Daumen und Zeigefinger nehme. Ich hebe ihn nah an mein Gesicht und drehe die Schreibtischlampe zu mir. Ich fahre den Stoff entlang, die Wolle läuft rau zwischen meinen Fingern. Ich finde ein kleines Loch am rechten Ärmel, dort, wo das Muster der roten in die dunkelblaue Wolle mündet. Ich greife meine Nadel, entscheide mich für dunkelroten Faden und webe ein feines Netz. Von altem zu neuem zu altem zu neuem Faden.

Den Pullover hat mein Großvater mir vor einigen Jahren geschenkt, es war davor seiner. Seit ich ihn habe, sitze ich fast jeden Winter und suche nach brüchig gewordenen Stellen. Meine Finger tasten den Stoff ab, mein Zeigefinger liegt unter der Wolle, mein Daumen oben, dann spanne ich ein weiteres Netz, dann gibt es noch eine geflickte Stelle.

Wenn ich meinen Morgen so verbringe, komme ich mir danach oft sehr weich vor. Ich bleibe an einer Kreuzung stehen und sehe so lange in die

Sonne, dass ich zu spät komme. Ich verliere mich in einem Satz, den ich in einem Buch lese. Ich wiederhole ihn im Kopf immer wieder. Ich sitze in der U-Bahn und meine, ich könnte zerfließen zwischen den Sitzen. Ich sehe mir meine Traurigkeit an und verstaue sie in meiner Brust, ich hebe meine Scham im Knie auf, ich lege meine Freude auf die Spitze meines Brustbeins.

Mit meinen Gefühlen umzugehen, meine Traurigkeit, meine Scham und meine Freude anzusehen, ist für mich eine politische Entscheidung. Denn ich glaube, dass Gefühle politisch sind.

Gefühle entstehen nicht außerhalb unserer gesellschaftlichen Strukturen. Sie sind verknüpft mit ihnen. Wir fühlen nicht zufällig, was wir fühlen. Wir lernen, was wir in bestimmten Situationen fühlen sollen. Gefühle folgen Regeln, schreibt Alva Gotby in *They Call It Love: The Politics of Emotional Life*. Gefühle sind keine „Naturkräfte“, die uns überwältigen und gegen die wir machtlos sind. Sie sind Ergebnis der Entscheidungen und Übereinkünfte, die wir als Gesellschaft treffen.[2] Wir lernen, in welchen Situationen wir wütend sein, uns schämen oder stolz sein sollen. Dass es uns zum Beispiel stolz machen soll, in der Schule die beste Person in Mathematik zu sein. Dass wir uns freuen können, wenn wir eine Partnerperson finden. Dass wir uns schämen sollten, wenn wir arbeitslos werden oder Körperbehaarung an den falschen Stellen zeigen.

Aber wir lernen nicht nur, *wann* wir was fühlen. Auch *wie* wir uns zu unseren Gefühlen insgesamt verhalten, ist erlernt. „Our feelings were not meant to survive", schreibt die Schwarze feministische Autorin Audre Lorde in ihrem Essay *Poetry is not a Luxury* – es war nicht geplant, dass unsere Gefühle überleben.[3] Sie nimmt dabei besonders auf die Erfahrung Schwarzer und rassifizierter Frauen Bezug. Gefühle sind eher ein Zusatz, der sich nicht vermeiden lässt, oder bestenfalls ein erfreulicher Zeitvertreib. Denn unsere Strukturen sind durch Gewalt entstanden und auf Profit ausgelegt. Eigentlich, so Lorde, erwarten die Strukturen von uns, dass wir Gefühle den Gedanken unterwerfen.

Wir alle lernen, dass unsere Gefühle weniger wichtig sind als unsere Funktionstüchtigkeit. Wir ordnen sie unserer Arbeit, unseren Ansprüchen, unseren Normen unter. Auch deshalb hat es etwas Widerständiges, sich ihnen zuzuwenden. Şeyda Kurt schreibt dazu in ihrer *Diversity Keynote* an der Universität Köln: Gefühle können „Motoren der Veränderung sein".[4] Unsere Angst, unsere Freude und unsere Wut sind von den Strukturen, in denen wir leben, hergestellt. Sie zeigen uns also, wo und wie wir sie verändern müssen.

Gefühle helfen zu erkennen, wo Widerstand gegen gewaltvolle Strukturen notwendig ist, weil sie uns das Fühlen schwer machen.

Ich habe mich dazu entschieden, meinen Gefühlen Raum in meinem Leben zu geben. Ich traf diese Entscheidung aus einer bestimmten Position heraus: Ich lebe als cis-Frau, ich bin *weiß*, ich bin nicht-behindert, ich habe ein abgeschlossenes Studium und komme aus einer Familie, in der beide Elternteile studiert haben. Ich bin in einem Haus in Wien aufgewachsen. Wir hatten immer genug

Platz und genug Geld. Diese Privilegien sind mein Ausgangspunkt.

Es geht mir dabei nicht darum, dass meine Perspektive für alle Menschen Gültigkeit hat. Ich habe nicht alle Gefühle aller Menschen verstanden, und das werde ich auch nie. Es geht mir darum zu beschreiben, wie ich mich meinen Gefühlen als politischen Erfahrungen zuwende.

Meine Gefühle zeigen mir, wo gerade Ungerechtigkeit herrscht und wie Veränderung gestaltet werden kann. Wenn mich etwas ärgert, etwas beschämt oder freut, bedeutet das, dass es wichtig ist. Dass es vielleicht verändert werden muss. Aber für diese Dinge und auch für die Gefühle, die sie auslösen, ist nur schwer Platz in meinem Leben. Mein Alltag geht weiter, auch wenn mich die Welt zur Verzweiflung bringt. Das muss sich ändern – und zwar für alle. Dafür müssen sich die Verhältnisse, in denen wir leben, grundlegend ändern. Alles fühlen, das ist für mich deshalb ein Versuch zu zeigen, dass es anders sein könnte. Es ist Platz für das Weich-Sein. Über diesen Versuch schreibe ich.

Wie man fühlt: mit dem Körper

Ich erkläre:
Wir fühlen mit dem Körper.
Unser Körper hat viel mit der Gesellschaft zu tun.
Das heißt: Wir lernen, was wir wann fühlen sollen.
Was wir zu fühlen lernen, können wir ändern.
Ich glaube:
Das ist wichtig.

Ich habe vor einigen Jahren begonnen, dem Fühlen großen Raum in meinem Leben zu geben. Ich laufe auf Menschen zu, wenn ich mich freue, sie zu sehen. Ich schreie vor Wut und vor Freude – meistens im Wald, wo mich niemand hören kann. Wenn ich starke Schmerzen in meiner Brust empfinde, weil ich jemanden vermisse oder mich etwas verletzt, lege ich schwere Gegenstände auf meine Rippen und atme tief und schwer auf dem Boden meines Schlafzimmers. Wenn der Stress meinen ganzen Körper gefühllos macht, schüttele ich mich und stöhne laut. Wenn ich vor Freude kaum mehr stillsitzen kann, bewege ich mich. Ich hopse. Ich jauchze. Ich tanze. Ich lache laut und mit allen Gliedmaßen.

Ich habe langsam zu mir gefunden. Oder eher: in meinen Körper.

Mein Körper ist mir lange nicht als Ort begegnet, der mir das Fühlen ermöglicht. Ich habe mich eher gefangen in ihm gefühlt. So als würde er nicht zu mir gehören. Ich habe wie viele FLINTA einen großen Anteil meiner Kindheit und Jugend mit Scham vor und Angst um ihn verbracht. Ich wollte so dringend schön sein. Aber selten gab es Momente, die sich so anfühlten.

Also habe ich begonnen, mit meinem Körper zu kämpfen. Ich habe kontrolliert, was ich esse, wie viel ich schlafe, wie ich ihn bewege. Ich wollte gegen meinen Körper gewinnen.

An einem Nachmittag im Jahr 2015 sah ich ein Video auf YouTube. Es war nach der Schule, ich lag auf meinem Bett. Der Titel: *Fat is not a feeling*. „You cannot feel fat. You can only look fat", sagt die Protagonistin. Sie erzählt, dass sie sich entschieden habe, ihren Körper zu lieben. Dass wir alle nur einen Körper bekommen. Dass sie keine Angst mehr davor habe, was sie esse. Und auch vor ihrem Körper nicht mehr. Die Person, die das Video spricht, erklärt, dass sie mittlerweile wisse: Wann immer sie denkt, sie fühlt sich fett, fühlt sie eigentlich etwas anderes. „And it's worth figuring out what that is."[5]

Auch ich habe entschieden, dass ich meinen Körper wirklich haben und ihn nicht nur verändern und hassen und fürchten will. Langsam haben wir Frieden miteinander geschlossen.

Ich weiß jetzt: Wenn ich mich dick fühle, fühle ich mich meistens unwohl. Vielleicht ängstlich, wütend oder frustriert. Vielleicht nicht geliebt. Sich „dick" fühlen ist ein systemisch gewollter Vorschub. Er macht es vor allem Menschen, die als Frauen aufwachsen, kaum möglich, ihre eigentlichen Gefühle zu benennen. Wir lernen: Wenn du schön bist, bist du glücklich. Wenn du dich also nicht glücklich fühlst, muss es daran liegen, dass du nicht schön bist.

Ich glaube, die Annahme „dick“ zu sein, ist nur eine von vielen Arten, wie wir als Gesellschaft dem Fühlen ausweichen. Dieses Ausweichen ist kein Versagen einzelner Menschen, sondern zeigt, wie sehr wir alle lernen, uns nicht unseren Gefühlen zu widmen. Mich „dick" zu fühlen war eine der Arten, auf die ich das besonders oft gemacht habe. Manchmal passiert mir das immer noch: Ich kann in solchen Momenten nicht sagen, wie es mir geht oder was ich brauche. Mein Körper fühlt sich fremd an. Dann klopfe ich mit der Faust sanft über die Brust, ich schüttle meine Arme und Beine aus, ich höre Musik, ich rufe eine*n Freund*in an. Erst dann kommen Gefühle.

Fühlen ist nicht einfach, denn es geht dabei nicht nur um schöne Momente. Es geht auch um Schmerz, Angst, Traurigkeit und Wut. Und dennoch: Fühlen ist für mich das wichtigste Zeichen dafür, dass ich da bin. Ich will nicht gleichgültig sein.

Von uns wird aber etwas anderes erwartet: Dass wir unsere Gefühle nicht ernst nehmen, dass wir funktionieren, dass wir ihnen so wenig Raum wie möglich geben. Dann können wir angeblich „objektive" und angenehme Menschen bleiben. Für mich hat das nicht funktioniert. Ich war kein besserer Mensch, ich war nicht selbstlos, ich war nicht objektiver oder effizienter. Ich habe mich leerer gefühlt.

Lyriker*in Kae Tempest beschreibt, dass uns beigebracht wird, dass es darum geht, zu tun, was wir geplant haben, mit anderen zu wetteifern und uns zu vergleichen. Wir lernen nicht, präsent und ehrlich zu sein, zu zeigen, wer wir sind und etwas zu empfinden: „You have been led to believe you are the kernel of a bright, bright future, and that all you have to do to live your best life is compete."[6]

Wir lernen, dass wir glücklich sind, wenn wir uns an Regeln halten und in Konkurrenz mit anderen Menschen treten. Dass wir es leicht haben, solange wir funktionieren. Aber: Dieses Versprechen gilt vor allem für privilegierte Menschen. Menschen wie mich. Ich bin Kind von Akademiker*innen. Ich bin in Wien in einer reichen Familie aufgewachsen, ich bin *weiß, cis und nicht-behindert*. Aber auch Menschen wie ich ahnen, dass ein Versprechen, das nur für manche gilt, keine Sicherheit bietet.

Alles fühlen setzt echte Sicherheit voraus. Alles fühlen geht nur, wenn man nicht ständig mit Hass und Gewalt konfrontiert wird. Gewalt zwingt uns, uns von unseren Gefühlen abzuwenden – sonst ist sie schlicht unaushaltbar. Menschen, die besonders viele Gewalt-Erfahrungen gemacht haben, haben sich oft Strategien geschaffen, trotzdem zu fühlen – rassifizierte, behinderte und queere Menschen zum Beispiel. Dennoch: Wenn uns alles zu viel wird, fühlen wir eine große Leere anstatt all dem, was wir eigentlich fühlen. Mir geht es jedenfalls so: Je mehr Alltag ich hinnehme, obwohl er mir schadet, desto leerer fühle ich mich. Fühlen fühlt sich dann unmöglich an. Ich bin wie gefangen in einer Gleichgültigkeit.

Dabei könnte das auch schön sein. Immer alles fühlen zu müssen, das klingt eher nach Horror als nach Utopie. Wir brauchen Momente der Gleichgültigkeit, schreibt Kae Tempest: „Numbness can be beautiful. It can be necessary."[7] Aber das gilt nur, wenn diese Gefühllosigkeit eine bewusste Entscheidung ist. Es geht um Handlungsfähigkeit und nicht darum, dass wir uns in eine Leere flüchten müssen.

Sich für das Fühlen zu entscheiden, bedeutet für mich auch, sich für Handlungsfähigkeit zu entscheiden. Weil ich fühle, wie viel etwas auslöst, möchte ich es verändern. Die Entscheidung für das Fühlen war deshalb die radikalste, die ich je getroffen habe. Ich glaube, dass sie schon in sich widerständig ist. Denn um *etwas* zu fühlen, musste ich lernen, *alles* zu fühlen. Und ich musste beginnen, meinen Körper zu verwenden. Das klingt selbstverständlich, ist es aber nicht. Wie bewege ich meine Hand, wenn ich versuche, sie so zu bewegen, wie es sich gerade richtig anfühlt? Wie bewege ich meinen Körper zu Trauer, zu Freude, zu Lust?

Mir hat lange ein ganzes Alphabet an Körperlichkeit gefehlt. Ich wusste nicht, dass ich in meinem Körper Orte für meine Traurigkeit, meine Scham, meine Lust und meine Freude schaffen kann. Ich wusste nicht, dass ich meine Gefühle ansehen kann, dass ich entscheiden kann, meine Angst in meinen Nacken zu legen, ihr sanft zuzureden und meinen Tag weiterzuleben. Für mich hat das viel verändert. Ich habe begonnen, meinen Körper aktiv zu verwenden, um zu fühlen. Damit habe ich auch verändert, wie ich meinen Körper sehe. Heute ist es so: Mein Körper ist die Einheit, in der ich fühle. Was ich nicht fühle, gehört nicht zu meinem Körper. Was ich fühle, das gehört zu mir.

Dieses Verständnis von Körpern klingt ein bisschen abstrakt, fast magisch. Wenn ich jemanden spüre, wenn ich fühle, was jemand fühlt, dann wird die Person demnach Teil des eigenen Körpers – oder? Ich glaube, ganz so ist es nicht.

Dass jemand anderer genau das fühlt, was ich fühle, halte ich für unmöglich. Wir können Gefühle nachvollziehen. Wir können sie ähnlich erfahren haben. Wir können fast schon zu einem Körper verschmelzen, wenn wir uns einem ähnlichen Gefühl hingeben: auf einem Konzert, auf einer Demo, vielleicht nach einem stundenlangen Gespräch oder beim Sex. Jedenfalls immer dann, wenn eine Menge oder mehr als eine Person dasselbe zu fühlen glaubt.

Aber natürlich gibt es unsere Körper selbst in Momenten der großen Verbundenheit alleine in der Welt. Sie haben Muskeln und Knochen und sie enden mit unserer Haut. Unsere Haut ist die Grenze zwischen uns und der Welt. Aber sie verbindet uns auch mit der Welt. Sie ermöglicht uns, Finger oder Wind oder Sonne an unserem Körper zu spüren, zu fühlen, dass uns etwas berührt. Ich begreife unsere Körper deshalb nicht als Einheiten, die uns voneinander trennen, sondern als Möglichkeiten, Verbundenheit zu erfahren.

„(T)here are no new pains. We have felt them all already," schreibt Audre Lorde.[8] Sie bezieht sich dabei auf die jahrhundertelangen Gewalterfahrungen Schwarzer Körper, auf die Maafa, also die

Verschleppung, Versklavung und Ermordung von Menschen aus dem afrikanischen Kontinent. Vor allem für marginalisierte Körper gilt: Es gibt keine neuen Schmerzen. Und Gefühle sind nicht nur eine individuelle Erfahrung. Sie sind eine, die wir gemeinsam machen. Und zwar wegen der Strukturen, in denen wir leben – und das macht sie *politisch*. Wenn Gefühle nicht neu und einsam sind, wenn sie nicht nur einer Einzelperson geschehen, heißt das, dass unsere Körper nicht für sich alleine stehen. Ich bin überzeugt: Wenn Gefühle vernetzt sind, sind es Körper auch.

Dieser Gedanke beschäftigt Johanna Hedva. Hedva ist Künstler*in und setzt sich mit chronischer Krankheit auseinander. Hedva ist eine nicht-binäre Person, ich werde den Artikel dey für Hedva verwenden. Johanna Hedva ist chronisch krank. Dey verbringt viele Tage im Bett. Aus dieser Perspektive denkt Hedva über Körper nach. Dey hat die sogenannte „Sick Woman Theory" entwickelt, eine Betrachtung von Körpern und Gesellschaft, die zeigt, wie (scheinbar) kranke und behinderte Körper von der Gesellschaft ausgegrenzt werden. Hedva geht davon aus, dass unsere Körper mit den Systemen verwoben sind, in denen wir leben. Damit ist auch alles, was wir fühlen, verbunden mit der Gesellschaft, in der wir fühlen.

Dey sieht Körper nicht als abgeschlossene Einheiten, sondern als Metapher für politische und gesellschaftliche Krisen. Kranke Körper waren nicht ganz und sind dann kaputt gegangen, sondern sind immer schon verwundet: „Sick Woman Theory argues that all of our bodies and minds carry the historical trauma of oppression."[9]

Unsere Körper sind also nicht nur unsere Sache, sondern Teil einer kollektiven Erfahrung. Die Erfahrungen, die wir mit ihnen machen, stehen für die Erfahrungen, die die allermeisten Körper, die unseren ähnlich sind, machen. Auch das ist eine veränderbare, menschengemachte, eine *politische* Erfahrung.

Ich habe erklärt:
Ich mochte meinen Körper lange nicht.
Ich glaube, das hat damit zu tun, dass ich ihn nicht so gut für mich verwenden konnte.
Ich glaube, es ist wichtig, nicht zu vergessen, dass unsere Körper fühlen können.
Wir sind miteinander verbunden. Wir machen gemeinsam Erfahrungen.
Ich erkläre, dass Kae Tempest und Johanna Hedva das auch denken.
Und ich sage: Wir alle machen ähnliche Erfahrungen.
Deshalb sind Erfahrungen politisch.

Unser Körper im Kapitalismus

Ich erkläre:
Unsere Körper sind die Orte, an denen wir fühlen.
Ich glaube, sie sind dazu da, dass wir mit ihnen fühlen.
Aber das lernen wir oft nicht.

Ich liege eine Nacht wach in meinem Bett, es ist heiß, Ende Juli. Mein müdes Gehirn denkt in Fetzen. Irgendwann gehe ich auf die Straße und sehe viel nach oben, während ich langsam meine Straße auf und ab gehe. Nachher, wieder im Bett, erinnere ich mich an den Satz eines Freundes: Du musst nur lange genug daliegen, irgendwann schläft dein Körper einfach ein.

Also liege ich da. Und warte auf meinen Körper. Ich rede ihm sanft zu. Ich sage: Hallo Körper, ich warte auf dich. Vielleicht brauchst du noch. Das ist okay, ich bleibe. Ich liege und sage das lange, aber irgendwann schlafe ich ein.

Wobei sich das nicht richtig anhört. Richtiger ist: I fell asleep. Ich falle in meinen Körper.

In seinen Körper zu fallen bedeutet, ihn als Ort der Verbundenheit zu erfahren, so wie das Hedva und Lorde beschreiben. Warum dieser Blick auf den Körper politisch ist, zeigt Silvia Federici. Sie setzt sich aus einer marxistischen Perspektive mit Arbeit auseinander. Marxismus besagt stark vereinfacht: Wir leben im Kapitalismus. Das bedeutet, dass die meisten Menschen ihre Arbeitskraft verkaufen, um ihr Leben zu finanzieren. Einige wenige Menschen besitzen die sogenannten Produktionsmittel, also die Dinge, die man braucht, um etwas zu produzieren. Diese Menschen müssen nicht arbeiten, um zu überleben. Das ist aus der Perspektive von Marxist*innen ungerecht. Federici denkt über Arbeit als etwas nach, das viele unterdrückt und einigen nützt. Dabei beschäftigt sie sich vor allem mit der Arbeit, die Frauen leisten, und mit den Körpern, die diese Arbeit verrichten. Denn wenn wir unsere Arbeitskraft verkaufen, verwenden wir dazu unsere Körper.

Mit der Entwicklung des Kapitalismus wurde Land von einem frei benutzbaren Allgemeingut zum umzäunten Eigentum. Diesen Prozess nennen Marxist*innen „ursprüngliche Akkumulation". Federici beschreibt, dass dieser Prozess auch mit Körpern passiert ist: „with the development of capitalism not only were communal fields ‚enclosed', so was the body".[10] Im Kapitalismus ist der Körper Ware, durch ihn kann Wert entstehen, der verkauft wird. Unsere Körper als vernetzte, zarte Orte zu verstehen, ist gerade deshalb besonders wichtig. Weil sie eben nicht nur funktionieren, sondern auch fühlen.

Federici bezieht sich explizit auf die Körper und die Arbeit von Frauen und fiel vor allem in neueren Werken und Debatten als TERF, als trans-exklusive Feministin auf. Federici besteht auf biologische Unterschiede als Marker der Erfahrungen, die eine Person macht. Diese Wendung in Federicis Argumentation, die vor allem in ihren neueren Werken nachvollziehbar ist, hat mich bestürzt. Ich halte Federicis Grundthese der Einhegung von Körpern aber dennoch für haltbar und wichtig – gerade auch weil sie sich queerfeministisch weiterentwickeln lässt.

Queere Denker*innen analysieren, wie auch Transmenschen und queere Menschen immer schon Reproduktionsarbeit geleistet haben.[11] Die behinderte, queere Denker*in Leah Lakshmi Piepzna-

Samarasinha beschreibt ihre Arbeit als „a complex, non-monetary economy of shared, reciprocal care“[12]. Lakshmi Piepzna-Samarasinha beschäftigt sich vor allem mit Arbeit, die Kollektive gemeinsam verrichten und betont, dass diese Arbeit immer schon auf Gegenseitigkeit beruht hat. Lakshmi Piepzna-Samarasinha zeigt, wie sich Körper in Verbundenheit umeinander kümmern.

Im gegenwärtigen System werden unsere Körper als Maschinen betrachtet, die vor allem funktionieren sollen. Diese Logik verführt dazu zu glauben, dass wir sind, was wir denken. Dabei stimmt das nur zum Teil. Unsere Gedanken sind ein Teil von uns. Aber wir sind viel mehr als das. Wir sind nicht nur unser Gehirn, wir sind auch unsere Füße und Hände, unsere Arme und Beine, unser Herz. Wir *sind* Körper. Wir sind gleichzeitig unsere Gefühle und unsere Gedanken. Wir sind voller Widersprüche. Und genau darum geht es: Wir haben ein Recht auf die ganze Komplexität und Schönheit unserer Gefühle – auch wenn sie unpraktisch und anstrengend sind. Auch wenn sie nicht verwendbar für unsere Arbeit sind.

Körper sind unsere einzige Möglichkeit, in der Welt zu existieren. Aber sie sind auch die Orte, an denen Machtsysteme wirksam werden. Nicht zufällig wurde die Frage, ob ich „dick“ bin, gerade dann für mich wichtig, als mein Körper langsam zu einem wurde, der wie der einer Frau aussah. Nicht zufällig werden die Haare Schwarzer Menschen seit Jahrhunderten abgewertet. Nicht zufällig erfahren queere Körper besonders viel Gewalt. Nicht zufällig haben wir Angst davor, hässlich, dick, unpassend zu sein: Queere, behinderte, weibliche, rassifizierte Körper erleben die Wirkung von Machtsystemen in besonderem Maß. Bestimmen zu können, welche Körper erwünscht sind, zeigt, wie Macht wirken kann: indem manche Körper sicher und frei sind und andere Angst haben müssen. Unseren Körpern werden Regeln auferlegt. Unsere Rollen und Möglichkeiten hängen eng mit der Beschaffenheit unserer Körper zusammen.

In unseren Körpern jedoch herrscht immer eine Widerständigkeit, etwas, das sich nicht regeln lässt. Egal wie sehr politische Regime versuchen, Körper zu kontrollieren, Reaktionen von Menschen vorherzusehen und gefügig zu machen – etwas in uns entzieht sich immer. Wir überraschen andere und uns selbst. In unseren Körpern sind Geschichten der Unterdrückung und Rebellion eingeschrieben, unser Schmerz und unsere Freude.

Als FLINTA-Person erlebe ich jeden Tag Gewalt als Reaktion auf meinen Körper. Vor ein paar Wochen spüre ich den Griff einer fremden Hand an meinem Hintern, während ich auf der Rolltreppe in der U-Bahn stehe. Gestern kommen mir zwei Männer entgegen, einer ruft dem anderen zu: „Die würde ich gerne mal nehmen." Sie lachen. Ich werde übergangen, sexualisiert, mein Nein zählt nicht. Mein Körper ist in Gefahr, seit er an den Körper einer Frau erinnert. Seit ich in der Pubertät bin, erinnere ich mich an fast wöchentliche Belästigung und Gewalt. Mit elf wurde ich das erste Mal gecatcalled. Mit vierzehn griff ein Bub aus meiner Klasse mir an die Brüste. Mit sechzehn steckte ein fremder Mann in einem Club meine Hand an seinen Penis. Mit siebzehn wurde ich vergewaltigt. Danach habe ich immer wieder Übergriffe erlebt – von Fremden, Bekannten, Freunden. Von Männern, in die ich verliebt war. Ich habe gelernt, mich zu wehren – aber die Gewalt hört nicht auf. Ich erzähle das nicht, weil mir besonders viel Gewalt widerfahren ist. Vermutlich ist mir vergleichsweise wenig geschehen. Ich erzähle davon, weil diese Gewalterfahrungen gewöhnlich sind – ich teile sie mit den allermeisten FLINTA-Personen in meinem Leben.

Als FLINTA-Personen lernen wir, dass unsere Körper uns gefährden. Am meisten gilt das für rassifizierte Körper, behinderte Körper, Körper von Transmenschen, queere Körper. Wir lernen, Angst zu haben, weil wir unsere Körper haben.

Natürlich habe ich meinen Körper eine Zeit lang gehasst. Was hätte ich auch sonst fühlen sollen? Die Reaktionen von Männern auf meinen Körper waren ja der Grund dafür, dass ich in der Öffentlichkeit nicht mehr sicher war. Aber Körper sind keine abgeschlossenen Einheiten. Mein Körper gehört mir nicht. Ich betrachte ihn nicht als mein Eigentum, sondern als einen Ort, den ich verwenden darf. Ich benutze ihn, um lebendig zu sein. Er ist nicht gut oder schlecht – er ist alles. Die schmerzhaften Erfahrungen, die ich in und mit ihm mache, liegen nicht an mir, sondern an dem System, in dem ich lebe.

Die Idee des Körpers als abgeschlossene Einheit ist relativ neu und stark begrenzt auf die sogenannte „westliche" Welt, den Globalen Norden. Gegenmodelle dafür, was ein Körper ist, existieren schon immer. Oft kommen sie von Menschen wie Johanna Hedva, die aufgrund ihrer Erfahrungen eine andere Perspektive haben. Oder von Perspektiven, die jenseits der dominanten, westlichen überlebt haben. Wir fühlen der Schmerz, den unsere Vorfahr*innen erlebt haben, heute in unseren Körpern. Den Schaden, den wir heute schaffen, werden zukünftige Generationen in ihren spüren, schreibt die indigene Philosophin und Aktivistin Sheri Mitchell: „We cannot separate ourselves from those who have come before us or those who will follow, because we all exist together in this one movement."[13]

Dieses Körper-Verständnis ist der Idee des Körpers als Eigentum entgegengesetzt. Im Kapitalismus geht es um einen Körper, der funktioniert – und das heißt vor allem: Er soll arbeiten können. Den eigenen Körper nicht vor allem als Werkzeug für die Erwerbsarbeit zu begreifen, ist deshalb widerständig. Unsere Körper sind unsere Möglichkeit, Verbundenheit zu erleben. Sie sind die einzige Möglichkeit, lebendig zu sein, die wir haben.

Damit wir ohne Einschränkungen fühlen können, brauchen wir Autonomie über unseren Körper. Unsere Erfahrungen und Gefühle sind gleichzeitig kollektiv und individuell. Das ist nur scheinbar ein Widerspruch. Wir können verbunden und bei uns selbst sein. Die einzige Art, unsere Gefühle zu erfahren, ist in Verbundenheit mit unseren Körpern. Dazu müssen wir uns sicher sein, dass unsere Körper nicht für andere da sind. Dass sie nicht gemaßregelt oder bedroht werden. Dass sie einfach sein dürfen. Für mich heißt das: Mein Körper gefährdet mich nicht. Mein Körper ist nichts, das schön sein soll oder funktionieren oder beeindrucken. Er ist stattdessen etwas, vielleicht das Einzige, auf das ich ein Recht habe.

Ich lege meinen Daumen an die Rippen, die Handfläche auf der Höhe meiner Lungen. Ich atme, sage ich mir. Ich drehe mein rechtes Handgelenk dreimal im Uhrzeigersinn. Ich klopfe mir mit geballter Faust auf die Brust. Ich habe ein Recht auf mich, sage ich mir.

Wir haben ein Recht auf uns. Auf alles, das wir sind, auf alles, das wir fühlen.

Ich habe erklärt:
Silvia Federici beschreibt, dass unsere Körper oft zum Arbeiten verwendet werden.
Wenn wir arbeiten, tun wir uns schwer mit dem Fühlen.
Ich sage, dass sich das ändern muss.

Wer fühlt eigentlich?

Ich erkläre:
Nicht nur Menschen können fühlen.
Auch Tiere tun das, und alles, das lebendig ist.
Das vergessen wir oft.
Ich erkläre, warum ich glaube:
Nicht nur Menschen sind wichtig.

Ich verteidige in diesem Buch unser Recht auf das Fühlen. Aber wer ist eigentlich dieses „Wir"? Wer fühlt? Wer verdient unsere Rücksicht?

Diese Frage beschäftigt mich, seit ich ungefähr acht Jahre alt bin. Damals stand ich am Beginn einer heftigen Schimpansen- und Menschenaffenphase. Ich las in einem Buch über Affen, und etwas in mir, so wie das eben in achtjährigen Gehirnen ist, konnte nicht mehr loslassen. Ich las alles über Schimpansen. Dann über Organ-Utans, Bonobos und Gorillas. Ich borgte jedes Buch zu dem Thema aus der städtischen Bibliothek, in die meine Mutter mit uns ging. Ich lernte, dass Schimpansen den Menschen von allen Tieren am ähnlichsten sind. Ich lernte alles über ihr Sozialverhalten, dass sie Kriege führen und Regentänze veranstalten, dass sie einander Geschenke machen. Es gab eine Zeit in meinem Leben, da dachte ich mehr über Affen nach als über die meisten anderen Dinge.

Meine Obsession mit den Schimpansen endete irgendwann. Aber: Ich habe Schimpansen so sehr geliebt, dass mein „Wir" Affen selbstverständlich miteinschließt. Und alle anderen Tiere auch.

In der Diskussion darüber, wer Rücksicht verdient, wird oft mit Intelligenz argumentiert: Lebewesen, die ähnlich klug sind wie der Mensch, verdienen ähnliche Rechte, heißt es dann. Schimpansen, Delfine, Raben: Spezies, deren intelligentes Verhalten wir erforscht haben, sind besonders oft Beispiele dafür. Die Soziolog*innen Erika Cudworth und Stephen Hobden zeigen, dass unsere Idee davon, was Kultur ist, stark durch Abgrenzung geprägt

„Mein Körper war ja unterw
und Dressur“, heißt es da. U
vollem, pointiert gespieltem
eine Dringlichkeit und Gegen
rung, die dem Thema so unb
wünschen gewesen wäre. „D
wohl gestern Nacht zum erst
stellt Eve fest.

en stets der Mutter, Arbeit
d mit Lea Ruckpauls kraft-
lonolog kommt doch noch
värtigkeit in die Inszenie-
edingt von Beginn an zu
a erst begreif' ich, dass ich
en Mal mir selbst gehörte",

ist – Abgrenzung von anderen Menschen, anderen Lebensformen und -wesen.[14] Sie argumentieren, dass unsere Empathie gegenüber anderen Geschöpfen nicht nur darauf basieren sollte, ob sie uns ähnlich sind. Ich teile diese Ansicht. Ich glaube, dass alle Lebewesen Freiheitsrechte haben sollten – unabhängig davon, wie ähnlich sie dem Menschen sind.

Dass dieser Gedanke ungewohnt ist, hängt mit der hartnäckigen Überzeugung zusammen, dass Menschen anderen Spezies überlegen sind. Dass das Leben eines Menschen mehr wert ist als das eines Pferdes, einer Fliege oder eines Affen. Für Soziologin Erika Cudworth hängt das mit einem sozialen System zusammen, das sie Anthroparchy nennt. Das Wort benennt ein soziales System, das den Menschen in eine privilegierte Position gegenüber anderen Lebewesen bringt.[15] Die Wünsche und Bedürfnisse von Menschen bestimmen, wie wir mit nicht-menschlichen Spezies in Kontakt stehen.

Dabei haben wir wenig Beweise dafür, dass menschliches Leben anderen Lebensformen überlegen ist. Orcas haben beispielsweise, gemessen an der Körpergröße, im Verhältnis zum Menschen ein größeres Großhirn. Das ist der Bereich des Gehirns, der für Sprache und Denken zuständig ist. Möglicherweise verfügen sie über Formen von Intelligenz, die wir uns gar nicht vorstellen können. Vor allem das soziale Denken ist bei dieser Walart sehr ausgeprägt – Wissenschaftlerin Lori Marino geht davon aus, dass Orcas ein Subjekt-Bewusstsein haben, das über sie als einzelnes Tier hinausgeht und die ganze Gruppe an Orcas betrifft.[16] Das ist nur ein

Beispiel dafür, wie anders die Intelligenz von Tieren beschaffen ist. Sie lässt sich kaum mit menschlicher Intelligenz vergleichen oder gegen sie aufwiegen.

Anthroparchy führt dazu, dass sich der Gedanke, nicht das klügste Tier zu sein, bedrohlich anfühlt. Ich vertrete die Überzeugung, dass nicht nur menschliches Leben unsere Rücksicht verdient. Die Hierarchisierung von menschlichem und nicht-menschlichem Leben und seinem Wert bringt uns nicht weiter. Im Gegenteil, sie wirkt tief auf das zwischenmenschliche Zusammenleben ein. Der Kulturwissenschaftler Edward Said hat den Begriff *Othering* bekannt gemacht. Othering meint, dass ein Gegenüber als anders und damit schlechter benannt wird. Dadurch, so Said, formt sich erst die eigene Identität. Said beschreibt das in Bezug auf die europäische Benennung des sogenannten „Orients" als „den Anderen".[17] Diese Trennung ist nach Said wichtig dafür, dass Europa sich als Einheit formen konnte. Othering kann aber an vielen Orten und gegenüber Lebewesen stattfinden: zum Beispiel gegenüber Tieren.

Die Gefühle von nicht-menschlichem Leben werden oft vernachlässigt – zum Beispiel in der Landwirtschaft: Cudworth beschreibt, wie Landwirtschaft Tiere, empfindungsfähige Wesen, zu Lieferanten für Nahrung macht. Cudworth nennt diesen Vorgang „gewaltsam": Bestimmten Spezies werden Gefühle und damit auch der Wert ihres Lebens abgesprochen, um zu rechtfertigen, wie sie in der Nahrungsmittelindustrie ausgebeutet werden. Dieser Prozess ist sexualisiert: Die reproduktive Fähigkeit von Tieren wird beispielsweise in der Milchindustrie ausgebeutet. Ihre Körper werden von Orten, an denen sie fühlen, zu Orten, die produzieren.[18]

Eine Kuh ist natürlich kein Mensch. Aber: Die Logik der Hierarchie und Ausbeutung, die für Tiere gilt, macht vor menschlichen Körpern nicht Halt.

Natürlich ist es auch mir wichtiger, dass Menschen zu ihren Grundrechten kommen als Kühe oder Fische. Auch ich bin aufgewachsen in der Annahme, dass unsere eigene Spezies die wichtigste ist. Die Rechte von Menschen, die Gewalt erfahren, sind uns näher und wichtiger als jene von Tieren. Doch solange wir Grundrechte an Bedingungen koppeln, sind sie in Gefahr – und selbst wenn diese Bedingung „nur" ist, menschlich zu sein. Auch deshalb spreche ich von Logik: Solange wir Kämpfe gegeneinander ausspielen, lösen wir die Mechanismen, die zu Unterdrückung führen, nicht auf. Es geht nicht darum, wer eher ein sicheres Leben verdient, sondern darum, eines für alle – und damit meine ich alle Spezies – zu fordern.

Ich habe erklärt:
Alle Lebewesen sind wichtig.
Die Soziologin Erika Cudworth sagt:
Wir geben Tieren nur Rechte, wenn wir glauben, dass sie uns ähnlich sind. Das muss aufhören.
Wir machen manche Menschen und Lebewesen immer zu „den Anderen".
Grundrechte müssen aber für alle gelten.

Wir verdienen eine ungewisse Zukunft

Ich erkläre:
Wenn wir sagen „Gefühle sind politisch", heißt das:
Es geht nicht nur darum, was eine einzelne Person fühlt.
Es geht darum, gemeinsam zu verändern,
wie wir leben.
Ich erkläre, warum es deshalb wichtig ist, über andere Verhältnisse nachzudenken.

An der Wand meines Zimmers hängt ein Text, den ich am Kühlschrank meiner Freundin Isabel entdeckt habe. Er endet mit dem Satz: „We deserve an uncertain future." Wir verdienen eine ungewisse Zukunft.

Geschrieben wurde der Text von Chiny Udeani[19], einer befreundeten Person von Isabel. Ich habe mich so sehr in den Text verliebt, dass Isabel Chiny um eine Kopie für mich bat – und die hängt seitdem an meiner Wand. Chiny ist Künstler*in, der Text entstand als Teil eines Projekts, in dem Chiny sich kritisch mit Algorithmen und Künstlicher Intelligenz auseinandersetzt. Es geht darum, sich ein Zuhause an einem neuen Ort – in diesem Fall im Digitalen – zu schaffen und sich gemeinsam daran zu erinnern, dass es immer noch wir sind, die die Zukunft gestalten. Es kann immer anders kommen. Unsicherheit heißt auch, dass wir noch alle Möglichkeiten haben, Dinge zum Besseren zu verändern.

Dabei geht es nicht darum, sich eine Welt ohne Zerstörung vorzustellen. Mitten in der ökologischen Krise, in einem System aus Herrschaft und Gewalt erscheint mir das nicht ehrlich. Die Anthropologin Anna Lowenhaupt Tsing schreibt: „ruin has become our collective home".[20] Wir sind gemeinsam in der Zerstörung zuhause. Es ist nicht alles gut. Es wird auch nicht alles gut. Aber trotzdem besteht die Möglichkeit auf Veränderung.

Tsing nennt das „die dritte Natur". Sie ist der Teil der Natur, der die kapitalistische Zerstörung überlebt. Sie baut damit auf der Unterscheidung von erster und zweiter Natur auf, die auf den Historiker William Cronons zurückgeht: Die erste Natur bilden alle ökologischen Zusammenhänge (Menschen eingeschlossen), die zweite Natur ist die kapitalistische Veränderung der Natur.[21] Um die dritte Natur zu bemerken, müssen wir uns von der Annahme verabschieden, dass die Zukunft eine einzige Richtung wäre – stattdessen gibt es viele unterschiedliche Zukunftsmöglichkeiten.[22] Es liegt an uns allen gemeinsam, uns für oder gegen sie zu entscheiden. Das gilt auch für unsere Möglichkeit zu fühlen.

Ich habe schon erklärt: Unsere Körper bieten uns die Möglichkeit zu fühlen, und die gilt es zu nützen. Man kann das kitschig und naiv finden, man kann sagen, das ist alles nur ein Zufall oder ein Nebenprodukt unserer eigentlichen Bestimmung. Man kann sagen: Zweck des Lebens ist es, sich fortzupflanzen, zu arbeiten und zu sterben. Aber ich habe mich vor einigen Jahren entschieden: Ich möchte sanft zu den Menschen und hart und kritisch gegenüber den Strukturen sein. Ich habe mich entschieden zu glauben, dass Menschen Gutes verdienen, bessere Strukturen, die ihnen das Leben schön und leicht machen. Ich weiß nicht, ob ich damit recht habe, ob Menschen nicht vielleicht doch böse sind und im Zaum gehalten werden müssen. Aber ich glaube, das ist keine nützliche Annahme. Ich halte es für eine gute Idee anzunehmen, dass wir Gutes verdienen.

Auch deshalb spüre ich eine große Sehnsucht nach anderen Verhältnissen. Gefühle als politisch zu begreifen, kann ein wichtiger Hebel dazu sein. Dabei geht es aber nicht darum, dass Menschen nur oder vor allem gute Gefühle haben sollen. Das beschreibt Geschlechterforscherin Sara Ahmed: Nur weil jemand glücklich ist, heißt das nicht, dass diese Person keine Ungerechtigkeit erfährt. Beim Kampf um andere Verhältnisse geht es um alle Arten von Gefühlen, die schönen ebenso wie die schmerzhaften.[23]

Warum bin ich traurig? Warum schäme ich mich? Warum macht mich etwas wütend? Das sind wichtige Fragen, und die Gefühle, mit denen sie sich auseinandersetzen, sind politisch. Aber nicht immer hilft uns diese Erkenntnis. Gefühle werden trotzdem von einzelnen Situationen oder Menschen ausgelöst. Auch wenn Machtsysteme immer wirksam sind, heißt das nicht, dass man Gefühle nicht auch in Bezug auf ihre konkreten Auslöser betrachten kann.

Widerstand lässt sich nicht individualisieren. Gefühle sind kein individuelles Problem und keine individuelle Freude. Wir sind nicht allein mit dem, was wir fühlen. Unser Schmerz muss nicht nur uns selbst beschäftigen, er geht alle an. Menschen, die unter den gegenwärtigen Strukturen leiden, sind nicht selbst dafür verantwortlich, sich aus den schmerzhaften Gefühlen zu befreien. Es geht darum, Strukturen zu verändern – und letztlich das ganze System. Alles fühlen, das soll keine individuelle Verpflichtung oder Aufgabe sein.

Es ist nicht meine Traurigkeit, mein Schmerz, nicht meine Aufregung, nicht meine Freude. Das alles gehört nicht mir, sondern uns. Nichts, das mir als neu begegnet, ist neu. Nichts, was ich erfahre, ist für mich allein bestimmt. Das ist unsere Freude – und dafür einzustehen, dass sie für alle gilt, das ist unser Kampf.

Es geht mir in der Veränderung, für die ich einstehen möchte, um die Logik des Systems. Wenn wir Menschen ermöglichen möchten, alles zu fühlen, brauchen wir Systeme, die es uns ermöglichen, füreinander da zu sein.

Ich glaube, echte Veränderung lässt nur wenig Platz für Held*innen. Wir schaffen sie immer gemeinsam – und das ist möglich. Wir können bessere Systeme für uns schaffen. Nicht jede*r für sich, sondern wir alle gemeinsam für ein gutes Leben für alle.

Ich habe erklärt:
Unsere Gefühle helfen zu erkennen, was wir verändern müssen.
Ich beziehe mich auf die Ideen von Anna Tsing und Sara Ahmed.
Aber Veränderung schafft man nicht alleine.
Es braucht uns alle gemeinsam.

Platz für das Fühlen für alle

Ich erkläre:
Das Fühlen fällt uns schwer.
Das hat drei Gründe:
Wir leben in einer Welt, in der das Denken seit vielen Jahrhunderten über dem Fühlen steht.
Aber denken ist nicht fühlen.
Wir verbringen den Großteil unserer Zeit mit Arbeit.
Aber arbeiten ist nicht fühlen.
Gerade sind nur manche Körper sicher, nicht alle.
Aber wir müssen sicher sein, um gut fühlen zu können.

Ich glaube, dass wir andere Verhältnisse verdienen.
Das heißt: Fühlen wäre für alle leicht.

In den letzten Monaten überkam mich immer wieder dasselbe Gefühl: Als ich mit Freund*innen zu Abend gegessen habe, als ich von einer Kundgebung nachhause gefahren bin, als ich abends tanzen war, als ich vom Töpfern kam, als ich einen Morgen lesend verbrachte. Immer hatte ich das überwältigende Gefühl, dass mein Leben *mein* Leben ist. Dass ich mich aktiv für diese Dinge entschieden habe, dass ich meine Zeit und meinen Körper nutzen kann. Das ist nicht selbstverständlich.

Vor Gewalt geschützt zu werden, ist die erste und wichtigste Bedingung, um Autonomie über den eigenen Körper zu erfahren. Die Verhältnisse, in denen wir gerade leben, gewährleisten das für die allermeisten Körper nicht. Stattdessen erleben vor allem behinderte, queere, rassifizierte, weibliche Körper Gewalt. Natürlich fühlen auch diese Körper – oft haben gerade sie Strategien entwickelt, die ihnen das trotz der Gewalt, die auf sie einwirkt, ermöglichen.

Aber Gewalt hat Auswirkungen auf alle Körper. Grundrechte kann man nicht einfach für die einen abstellen, während sie für die anderen weiter gelten. Maya Angelou formuliert das so: Grundrechte sind wie Luft. Entweder alle haben sie oder niemand hat sie.[24] Diese Rechte müssen bedingungslos für alle Menschen und alle Lebewesen gelten. Aber: Das System, in dem wir leben, stattet uns mit vielen Gründen aus, lieber nicht zu viel zu fühlen.

Einen wesentlichen Beitrag dazu leistet die Art, wie wir als Gesellschaft Arbeit organisieren. Ich nenne das: Kapitalismus. Damit meine ich: Wir befinden uns in einem Zusammenschluss, der auf der ganzen Welt wirkt und der vor allem darauf ausgerichtet ist, Profite zu erwirtschaften. Dabei kommen diese Profite einigen wenigen Menschen zugute. Derweil arbeiten die meisten Menschen als Angestellte von Firmen, die einer viel kleineren Gruppe an Menschen gehören. Die Menschen, denen die Firmen gehören, verdienen Geld, wenn die Firma Profite macht – oft sehr viel mehr als die Menschen, die für sie arbeiten.

Viele Bereiche der Gesellschaft sind deshalb auf eine bestimmte Art organisiert: zum Beispiel unsere Schulen, Landwirtschaft, Kultur und Familie. Alle diese Bereiche sollen uns dabei helfen, uns auf die Arbeitswelt vorzubereiten oder die Auswirkungen des Kapitalismus abzufedern. So bekommen wir zum Beispiel Geld vom Sozialstaat, wenn wir keine Arbeit finden. Aber: Der Kapitalismus ist nicht geeignet, um Menschen das Fühlen leicht zu machen oder ein gutes Leben zu ermöglichen. Stattdessen sorgt er für Zerstörung in sehr großem Ausmaß – vor allem in Ländern des Globalen Südens.

Außerdem leben wir in einer Gesellschaft, in der das Denken seit vielen Jahrhunderten über dem Fühlen steht. Mit der Aufklärung wurde die Vernunft zu dem Prinzip, an dem sich westliche Gesellschaften orientieren – und Gefühle eher zu einem störenden Element, das es zu überwinden gilt.

Gleichzeitig wirken Strukturen der Unsicherheit an allen Orten. Sicherheit ist die Grundbedingung für das Fühlen – und gerade steht der Möglichkeit, sich sicher zu fühlen, ein System der Zerstörung entgegen. Das geschieht unter anderem durch die massive ökologische Katastrophe, die ständig Leben bedroht, oder durch Grenzregime, die manche Menschen gefährden, während sie andere vermeintlich sicher halten, und durch Institutionen wie die Polizei, die Gewalt ausüben dürfen.

Ich glaube, dass wir andere Verhältnisse verdienen. Ein System, das es uns möglich macht, ein gutes Leben für alle zu realisieren. Und ich glaube, dass Gefühle ein Teil dieses Gegenentwurfs sein können. Denn wenn wir Gefühle ernst nehmen, wenn es für alle Menschen ähnlich leicht sein soll, alles zu fühlen, müssen sich unsere Systeme ändern – und zwar für alle.

Unvernünftig werden

Ich erkläre:
Wir lernen: Gedanken sind wichtiger als Gefühle.
Das stimmt nicht.

Ich liege auf dem Rücken, rechts und links reicht das Gras so hoch, dass ich sehen kann, wie der Wind es wiegt. Ich muss die ganze Zeit an Wasser denken. Eigentlich ist das nicht richtig, ich denke nicht an Wasser.

Ich fühle Wasser. Ich fühle, wie ich in Wellen liege. Ich fühle, wie ich gehalten und geworfen werde. Ich fühle, wie es um mich fließt. Wie ich treibe, auf dem Meer aus Gras.

Denken und Fühlen sind für viele Menschen im Globalen Norden direkte Gegensätze: Etwas ist entweder logisch oder es ist emotional. Wir glauben, dass etwas eine gute Idee ist, auch wenn es sich falsch anfühlt – jeden Tag in die Arbeit gehen zum Beispiel. Wir glauben, dass etwas eine schlechte Idee ist, auch wenn es sich gut anfühlt – ausschlafen zum Beispiel.

Diese Überzeugung zieht sich „seit Jahrhunderten durch die westliche Ideen- und Philosophiegeschichte", schreibt Şeyda Kurt[25]. Obwohl es, so Kurt, auch immer Gegenentwürfe zu diesem Modell gab, ist es gelungen, dass die Trennung von Denken und Fühlen an vielen Orten in unserer Gesellschaft vorausgesetzt wird. Es geht dabei darum, „vernünftig" zu sein und sich von den eigenen Gefühlen zu trennen.

Şeyda Kurt argumentiert, dass diese Trennung nicht zufällig zustande gekommen ist. Denken ist das männliche, zivilisierte, vernünftige Prinzip. Fühlen ist das weibliche, wilde, unbändige und abgewertete Prinzip. Kurt lehnt die Hierarchisierung von Fühlen und Denken in beide Richtungen ab: Weder ist Denken dem Fühlen überlegen noch umgekehrt. Dem möchte ich mich anschließen.

Denken und Fühlen sind keine entgegengesetzten Prozesse, die sich voneinander abgrenzen und hierarchisieren lassen, sie verschmelzen miteinander: Denken ermöglicht uns, unsere Gefühle zu bestimmten Situationen zu benennen. Wir können sie so verstehen und als veränderlich und sozial erlernt wahrzunehmen. Und Fühlen führt dazu, dass wir über etwas nachdenken, auf Ideen kommen, es ändern möchten. Weil uns etwas bewegt, entwickeln wir Gedanken dazu.

So ist es auch, als ich im Gras liege und es sich nach Meer anfühlt: Ich fühle das Wasser natürlich nur, weil ich an Wasser denke. Meine Gedanken lösen ein Gefühl aus. Gerade im Journalismus, dem Bereich, in dem ich arbeite, ist es wichtig, sich von seinen Gefühlen abzugrenzen, „objektiv" zu bleiben. Das ist ein wichtiger Impuls. Aber oft ist es einfach nicht möglich, sich davon zu lösen, was man erlebt hat und neutral auf eine Situation zu blicken. Daher halte ich das nur selten für den besten Weg. Ich glaube, viel produktiver ist es, seine Gefühle kennenzulernen, zu benennen und zu verstehen, als zu versuchen, gefühllos „vernünftig" Entscheidungen zu treffen.

Die Trennung von denken und fühlen hat auch Einfluss darauf, was wir zu wissen glauben. Zum Wissensbegriff gibt es gerade in der Philosophie eine breite Debatte, die ich hier nicht in der Gänze nachzeichnen kann. Vielleicht so viel: Wissen wird in der vorherrschenden Vorstellung meist als das Ergebnis des Denkens verstanden, der Logik und Vernunft. Diese Annahme vernachlässigt, dass es Wissen gibt, das durch Intuition entsteht, durch die Weitergabe von Erfahrungen, durch Erlebnisse und Sinneseindrücke. Wie man das beste Toastbrot zubereitet, wann eine Avocado wahrscheinlich reif ist, was vielleicht gegen Liebeskummer hilft, dass sich das Gegenüber unwohl fühlt, dass man besser auf sich Acht gibt, wenn man vier statt acht Stunden schläft und dafür Spaß hat. Es geht dabei nicht um Wissen, das wissenschaftlich und rational ist. Aber es gibt andere Möglichkeiten als über das Denken, Dinge in Erfahrung zu bringen.

Doch diese anderen Formen von Wissen wurden systematisch vernichtet, argumentiert Soziologe Ramón Grosfoguel.[26] Er nennt das *Epistemizide*. Sie machten den Grundsatz „Ich denke, also bin ich" zum bestimmenden Prinzip in westlichen Gesellschaften. Grosfoguel geht auf vier Epistemizide ein: den Mord an Muslim*innen und Jüd*innen in Al-Andalus, die Vernichtung der indigenen Bevölkerung in den Amerikas und in Asien, die Genozide an verschiedenen Gruppen auf dem afrikanischen Kontinent und die Verbrennung von Frauen als Hexen in Europa. Alle diese Epistemizide fanden im „langen sechzehnten Jahrhundert", also zwischen

1450 und 1630, statt. Diese Zeit stellt den Übergang vom Mittelalter zur Neuzeit dar.

Während des ersten Epistemizids auf der spanischen Halbinsel Al-Andalus war die Motivation religiös: Moslems wurden von Christen ermordet. Aber die Frage, ob die Menschen, die ermordet wurden, Menschen sind, stellte sich noch nicht. Später, beispielsweise in den Epistemiziden gegen Bevölkerungsgruppen auf dem afrikanischen Kontinent, wurde den ermordeten Menschen abgesprochen, eine „Seele" zu haben. Diese Abwertung ist neben dem Vernichten von Wissen ein wesentlicher Mechanismus, der ermöglichte, dass sich dominante Wissensstrukturen herausgebildet haben. Indigenes Wissen wurde systematisch vernichtet. Eine einzige Version der Erkenntnisproduktion, die europäische, wurde global dominant.

Rassismus wurde zur Grundlage dafür, Teile der Welt auszubeuten. Der Reichtum im Globalen Norden, in Europa und den USA, ist nur möglich, weil weite Teile kolonialisiert und ausgebeutet wurden. Diese Ausbeutung setzt sich fort bis heute: Die Demokratische Republik Kongo ist eines der Länder mit den meisten Bodenschätzen, trotzdem leben 78,9 % der Menschen unter der Armutsgrenze. Die Bodenschätze werden vor allem ins Ausland verkauft, das Geld fließt in die Hände weniger reicher Menschen.[27] Außerdem herrscht seit Jahrzehnten Krieg im Kongo. Bodenschätze spielen dabei eine wichtige Rolle, weil sie den Konflikt mitfinanzieren.[28] Dabei ist vor allem die Gruppe der Tutsi bedroht. Die Organisation Genocide Watch, die Genozide auf der ganzen Welt beobachtet, spricht von einem Notstand. Die Organisation hat zehn Phasen eines Genozids erarbeitet. In der Demokratischen Republik Kongo sind neun dieser zehn Phasen bereits eingetreten.[29] Dass so viel Gewalt im Kongo herrscht, hat mit sich fortführendem Kolonialismus, aber auch mit unserem Wirtschaftssystem zu tun. Die Politikwissenschaftler Ulrich Brand und Markus Wissen nennen das „imperiale Lebensweise“: Unser Wohlstand baut auf der Ausbeutung von Menschen und Ökosystemen „anderswo“ auf.[30] Diese ist nur möglich, weil wir glauben, das westliche, „rationale“, „zivilisierte“ Gesellschaftsmodell sei das einzig legitime.

Ein Grund, warum das überhaupt funktioniert, ist, dass wir Menschen abwerten. Zum Beispiel aufgrund ihrer Hautfarbe. Audre Lorde definiert Rassismus so: „the belief in the inherent superiority of one race over all others and thereby the right to dominance“.[31] Rassistische Ausbeutung und Abwertung findet nicht nur auf der materiellen Ebene statt: Sie hat auch damit zu tun, wessen Verhaltensweisen wir als angebracht einordnen.

Die Vernichtung von Wissen, die Grosfoguel beschreibt, und der Triumph der Gedanken, der „Vernunft“ über die Gefühle, ist nur teilweise gelungen. Unsere Gefühle hätten vielleicht nicht überleben sollen, aber sie haben überlebt. „The white fathers told us, I think therefore I am; and the black mothers in each of us – the poet whispers – in our dreams, I feel therefore I can be free“, schreibt Audre Lorde:[32] Ich fühle, also kann ich frei sein.

Den eigenen Gefühlen Raum zu geben, ist widerständig. Denn es erinnert uns daran: Wir können die Systeme, in denen wir leben, verändern. Und ich finde, das sollten wir auch. Wir haben ein besseres System verdient.

Ich habe erklärt:
Viele Menschen in Europa und der westlichen Welt denken:
Gedanken sind wichtiger als Gefühle.
Das liegt auch daran, dass viel Wissen vernichtet wurde.
Dazu habe ich die Theorie der Epistemizide von Ramon Grosfoguel erwähnt.
Ich sage:
Gefühle und Gedanken sind keine Gegenteile, beide gehören zu uns.

Niemand träumt von Arbeit

Ich erkläre:
Wir verbringen den Großteil unserer Zeit mit Arbeit.
Arbeiten heißt funktionieren, nicht fühlen.
Damit uns das Fühlen leichtfällt, müssen wir unsere Körper auch für etwas anderes als Arbeit verwenden können.

Das Wasser ist eiskalt, wir halten es nur für ein paar Sekunden darin aus. Meine Füße schmerzen vor Kälte, während ich meinen Körper auf dem warmen Stein ausbreite. Ich spüre, wie die Sonne meine Haut langsam, Zentimeter für Zentimeter, wärmt. Wir liegen auf großen, hellen Steinen. Um sie fließt ein türkisfarbener Bach.

Später nennen wir das unseren „Meerjungfrauen-Tag“. Meine Freundin Isabel und ich verbringen den ganzen Nachmittag an diesem Bach in den Bergen. Es gibt nur uns zwei, das Wasser, die Sonne, den Wald um uns. Am Rückweg sagt Isabel: „Ich liebe, dass ich immer Meerjungfrau werden wollte. I didn’t dream of labour.“ Isabel lacht, ich nicke.

2019 ging ein Video, eigentlich ein Satz auf TikTok, viral. Eine Person wird gefragt, was ihr Traumjob sei, und antwortet darauf: „I don’t dream of labour.“[33] Ich träume nicht von Arbeit. Die Idee, die auch uns an diesem Nachmittag nachdenklich macht: Wir träumen von einer Zukunft als Rockstar oder Astronaut*in. Viel seltener lernen wir, von Nachmittagen an einem Fluss zu träumen, von Abenden umgeben von lieben Menschen, von Tagen, an denen man nicht auf die Uhr schauen muss. Wir lernen früh, dass es im Leben darum geht, zu arbeiten – und nicht darum, eine Meerjungfrau zu sein.

Die meisten erwachsenen Menschen in unserer Gesellschaft verbringen den Großteil ihrer Zeit mit Arbeit – bezahlt zum Beispiel als Tischler*in, Verkäufer*in, Ärzt*in oder Manager*in, (unbezahlt) als Eltern, (unbezahlt) Pflegende und politisch Engagierte. Arbeit kann erfüllend sein. Aber spätestens seit Karl Marx, dem Begründer des Marxismus, ist klar: Die allermeisten Menschen arbeiten, weil sie arbeiten *müssen*. Arbeit bringt uns Geld, das unser Leben finanziert. Wo wir wohnen, was wir essen und anziehen. Wie wir unsere Zeit neben der Arbeit verbringen. Wie wir geboren werden und wie wir sterben. Die meisten Menschen sind grundlegend auf Arbeit angewiesen. Wenn wir uns einander vorstellen, sagen wir oft erst unseren Namen und dann unseren Beruf. Wenn wir von unserem Leben träumen, träumen wir oft davon, was unsere Arbeit sein soll.

Arbeit ist in unserer Gesellschaft mehr als nur etwas, das getan werden muss, um sich selbst bzw. die Gesellschaft zu erhalten. Ökonomin Kathi Weeks beschreibt das in *The Problem with Work*. Sie argumentiert, dass es längst nicht mehr notwendig wäre, dass alle Menschen in dem Ausmaß (erwerbs-)arbeiten, wie sie es tun. So viel zu arbeiten wie wir ist eher eine soziale Konvention als eine wirtschaftliche Notwendigkeit. Das heißt nicht, dass einzelne Menschen nicht viel oder zu viel arbeiten müssen, um sich und ihre Familien über Wasser zu halten. Weeks argumentiert, dass immer mehr

Menschen immer länger arbeiten – finanzielle Gründe sind dabei nicht die einzigen. Gerade für Frauen geht es oft um Selbstverwirklichung, um Unabhängigkeit.[34]

Doch nur ein Teil der Arbeit, die in unserer Gesellschaft verrichtet wird, wird bezahlt: Frauen in Österreich arbeiten im Schnitt 3 Stunden und 19 Minuten am Tag bezahlt und 4 Stunden und 19 Minuten unbezahlt. Männer arbeiten knapp 5 Stunden bezahlt und 2 Stunden und 30 Minuten unbezahlt. Frauen arbeiten im Schnitt länger. Und verdienen dabei weniger Geld.[35] Das gilt insbesondere in hetero Beziehungen. Die Arbeitsteilung in queeren Beziehungen ist schlechter untersucht. Einige Studien zeigen: Die Arbeitsteilung, vor allem die Verteilung von Fürsorge-Arbeit, ist viel gleichberechtigter organisiert.[36]

Fürsorge-Arbeit wird also vor allem von Frauen verrichtet und ist oft unbezahlt. Mit der ungleichen Verteilung von Fürsorge-Arbeit setzte sich schon die Kampagne „Lohn für Hausarbeit“ in den 1970er-Jahren auseinander. Silvia Federici war Teil dieser Gruppe. Sie sagten: Frauen sollten nicht für den Zugang zu bezahlter Arbeit kämpfen. Sie sollten vom Staat – der Vertretung des Kapitals – für Hausarbeit bezahlt werden. Ziel der Kampagne war es aber nicht, wie im Sinne mancher rechten Parteien, eine Art „Herdprämie" einzuführen. Es ging um ein Gedankenexperiment. Die Kampagne wollte zeigen, dass es viele Arten unbezahlter Arbeit gibt und dass diese Arten von Arbeit auch gar nicht sinnvoll in ein Erwerbsmodell eingegliedert werden können. Wenn man nämlich beginnen würde, „Hausarbeit" zu bezahlen, würde das schnell jedes staatliche Budget sprengen.[37]

Die Denker*innen der „Lohn für Hausarbeit"-Kampagne zeigten, wie viel unbezahlte und unter dem Banner der „Liebe" geleistete Arbeit in Haushalten passiert. Sie verstehen die Forderung nach Lohn für Hausarbeit als politisch, da es dabei nicht um Geld für Hausfrauen ging: Durch die Forderung nach Lohn werde die bisher unbezahlte Arbeit sichtbar. Darin liege das revolutionäre Potential.[38] Bekannt wurde Federicis Ausdruck: „They say it is love. We say it is unwaged work."[39]

Dieser Satz macht fast nebenbei klar: Lieben ist nicht arbeiten. Wir lieben nicht automatisch, wenn wir uns um jemanden kümmern. Liebe muss davon getrennt betrachtet werden. Auch wenn wir uns allem voran um Menschen kümmern, die wir lieben. Und ja, Liebe und Fürsorge gehen oft miteinander einher. Aber sie sind zwei unterschiedliche Dinge.

Denn Arbeit ist kein Gefühl. Diese Differenzierung mag absurd klingen, aber es entsteht gerade oft ein Missverständnis: Arbeit ist eine Tätigkeit. Sie ist etwas, das wir mit unseren Körpern tun. Aber Arbeit gehört nicht zu uns. Dennoch ist sie eines der wichtigsten Mittel, die Menschen zu einem Teil unserer Gesellschaft macht. Durch unseren Job erreichen wir sozialen Status, Unabhängigkeit, unsere Rolle in der Gesellschaft.

Die Eingliederung in die Gesellschaft passiert nicht auf gerechte Art und Weise. Im Gegenteil: Dabei geht es auch darum, wer wie arbeitet. Wer wie produktiv, wie gut, wie verwertbar ist. Wir nehmen hin, dass eine Person mehr Geld verdient, weil sie schneller oder produktiver arbeitet als eine andere. Wir nehmen hin, dass ich mehr Sicherheit und Wohlstand habe, weil ich einen höheren Bildungsabschluss habe und meine Arbeit, das, was ich kann, „wichtig" ist. Weil ich Ärzt*in bin, zum Beispiel. Diese ungerechte Eingliederung wirkt vor allem auf Menschen mit Behinderungen. Das nennt man Ableismus. Ableismus ist ein Herrschaftssystem, in dem Fähigkeiten zu einer Auf- oder Abwertung von Subjekten führen.[40] Ableismus führt dazu, dass wir das Gefühl haben, ein ungleicher Zugang zu Rechten und Privilegien sei gerechtfertigt, wenn Menschen ungleich ausgeprägte Fähigkeiten haben. Grundrechte sollten aber nicht davon abhängig sein, ob jemand etwas kann oder nicht. Sie sind deshalb Grundrechte.

Arbeit weist uns einen Platz in der Gesellschaft zu, und dieser Platz hat viel damit zu tun, wie gut wir für die gegenwärtige Wirtschaft einsatzfähig sind. Das wiederum fordert von uns ein, dass wir unsere Gefühle kontrollieren können. Dass wir professionell, abgegrenzt und nützlich sind.

Ich glaube, dass Arbeit so wesentlich für unsere Gesellschaft ist, ist ein Grund, warum uns das Fühlen so schwerfällt. Denn Arbeit ist dem Fühlen fast entgegengesetzt. Wir haben eine eng umrissene Rolle zu erfüllen, in der in manchen Berufen kaum und in anderen nur bestimmte Gefühle erwünscht sind. Von uns wird erwartet, gute Chef*innen, Verkäufer*innen oder Lehrer*innen zu sein, die souverän auftreten. Ein bisschen anders ist das zum Beispiel bei Künstler*innen: Von ihnen werden bestimmte Gefühle (Leid, Verliebtheit, Schmerz) in hoher Intensität eingefordert und geradezu als Voraussetzung und Marketing-Tool gesehen. Räume zu betreten, die bestimmte Rollen von uns fordern, ist per se nicht falsch. Aber ich wünsche mir, dass wir es bemerken.

Dass wir unsere Arbeitskraft verkaufen und dass wir fühlende Wesen sind, sind zwei entgegengesetzte Systeme. Eine Meerjungfrau zu werden, ist in diesem Zusammenhang eine wichtige, fast eine widerständige Idee. Sie erkennt an, dass unsere Körper uns gehören und dass wir mit ihnen die Erfahrungen machen dürfen, die wir uns wünschen. Unsere Körper sind nicht nur die Quelle unserer Arbeitskraft. Sie sind unser Recht, in der Welt zu sein.

Ich habe erklärt:
Arbeit ist sehr wichtig in unserer Gesellschaft.
*Manche Ökonom*innen sagen: Das muss sich ändern.*
Zum Beispiel Kathi Weeks.
Um zu arbeiten, benutzen wir unsere Körper.
Ich glaube, wir brauchen mehr Raum, um mit ihnen fühlen zu können.

Existenzsicherung ohne Erwerbsarbeit?

Ich erkläre:
Alle Menschen sollen genug zum Leben haben, auch wenn sie nicht arbeiten.

Das geht zum Beispiel mit einem bedingungslosen Grundeinkommen.
Das heißt: Alle Menschen bekommen Geld.

Ich hatte lange Schwierigkeiten, mir Ansätze für eine Welt ohne Erwerbsarbeit vorzustellen. Erwerbsarbeit ist Arbeit, für die wir Geld bezahlt bekommen. Verändert hat das ein Text von Hanna Gugler. Hanna ist meine Kollegin bei dem inklusiven Medium andererseits. Sie arbeitet außerdem vier Tage die Woche im Supermarkt. Sie schreibt: „Ich liebe Bubble Tea Partys und die mache ich immer am Donnerstag, wenn ich um zehn vor drei von der Arbeit heimkomme, und das macht mich so happy und perfekt und so sehr glücklich und ich sage immer: ‚Ich scheiß auf alles.' Weil dann habe ich Wochenende und bin bereit für Party machen." Ihre Anleitung für eine solche Party endet mit der folgenden Idee: „Sehr wild tanzen, wie ein freches Mädchen sein und sehr glücklich sein und sehr laut ‚Party' schreien und auch ‚drei Tage frei' sagen." [41]

Das ist ein guter Startpunkt, um über Verhältnisse ohne Erwerbsarbeit nachzudenken.

Unsere Zeit ist durch die Arbeit „in Herrschaft gebunden", wie Eva von Redecker schreibt.[42] Zeit in Arbeit zu stecken, ist die Grundvoraussetzung, um auf ein gutes Leben hoffen zu können. Das bringt Anforderungen an und Beschränkungen für unsere Zeit mit sich. Wir müssen sie einteilen und verwalten. Wir haben nicht das Gefühl, genug von ihr zu haben. Das alles hängt mit der Arbeit, die wir leisten, zusammen. Ich denke gerne über Arbeit, Zeit und Freiheit in Verbindung miteinander nach. Ich glaube, in einer Welt, in der wir nicht mehr existentiell auf Arbeit angewiesen sind, können wir eine andere Beziehung zu unserer Zeit aufbauen. Dadurch könnten wir auch ein neues Verständnis von Freiheit erlernen.

Ein Schritt dazu ist die Rolle von Erwerbsarbeit in unserem Leben zu hinterfragen. Wir alle lernen, dass ohne Erwerbsarbeit, ohne einen Job nichts geht. Ich glaube, das stimmt nicht. Das soll nicht leugnen, dass die allermeisten Menschen arbeiten müssen, um zu überleben. Arbeit ist für viele Menschen existentiell notwendig. Sie ist für viele hart, kann sogar tödlich sein.

Hanna beschreibt, dass sie ihre Arbeit liebt, dass sie sie genießt. Das ist ein großes Privileg, weil Erwerbsarbeit vielen Menschen kaum Freude macht und sie in belastende oder gefährliche Situationen bringt. Trotzdem: Hanna würde nie auf die Idee kommen, dass Arbeit wichtiger ist als ihre Party. Vor allem geht es mir aber darum, wie selbstverständlich Hanna anerkennt, dass wir nicht nur arbeitende Körper sind, sondern vor allem fühlende. Und deshalb, sobald es geht: „nackt tanzen am Küchentisch".[43]

Arbeit ist nicht das Einzige, das wir brauchen, um unsere Existenz zu sichern. Wir alle haben Menschen in unserem Leben, die nicht oder nicht vor allem erwerbsarbeiten. Großeltern, Kinder, Menschen, die „nicht arbeiten können". Diese Menschen leisten natürlich trotzdem Arbeit. Ich habe zum Beispiel meine Großmutter selten nicht arbeiten sehen. Wie viele Frauen ihrer Generation pflegt sie meinen Großvater. Trotzdem: Bezahlt wurde sie für diese Arbeit nie. Unsere Gesellschaft ignoriert, wie alltäglich diese Erfahrung ist. Wer Kinder hat, in Pension ist oder Pflege braucht, dem wird vielleicht zugestanden, nicht erwerbszuarbeiten. Meist wird schnell öffentlich über Menschen, die „nichts tun", gesprochen, als wären sie nutzlos.

Unsere Gesellschaft wurde nie nur von Erwerbsarbeit zusammengehalten, sondern von Menschen, die füreinander da sein möchten: von Personen, die im Krankenhaus arbeiten, von Menschen, die ehrenamtlich Beete in der Nachbarschaft anlegen, von Kindergärtner*innen, von älteren Frauen, die in ihrem Wohnhaus darauf achten, dass niemandem etwas passiert. Diese Arbeit passiert sowohl bezahlt als auch unbezahlt.

Die Philosophin Eva von Redecker betrachtet Arbeit in drei Kategorien: Erwerbsarbeit, die entlohnt stattfindet; Reproduktionsarbeit, die Arbeitskraft wiederherstellt; und Regeneration, „die Zeit, in der etwas Lebendiges sich anstrengungslos wiederherstellt".[44] Regeneration passiert, wenn zwei Freund*innen zusammensitzen und sich wie zufällig stützen. Wenn ein Spaziergang im Wald Energien wiederherstellt. Wenn ein Gedicht Kraft für Tage gibt. Ob eine Tätigkeit „Arbeit" und damit anstrengend ist, ist auch eine Frage der Zeit und der Umstände. Schlafen zum Beispiel kann regenerativ sein, aber es kann sich auch wie eine Aufgabe, die man erledigen muss, anfühlen. Tätigkeiten, die eigentlich erholsam sein sollten, können sich wie Arbeit anfühlen, wenn wir sie unter den falschen Umständen ausführen müssen.[45]

Andererseits gibt es innerhalb der Erwerbsarbeit Tätigkeiten, die Regeneration begünstigen. Zum Beispiel, wenn wir unsere Arbeit gerne machen. Wenn sie Spaß macht. Das sollte uns aber nicht davon abhalten, die Teile der Erwerbsarbeit, die uns nicht guttun, abschaffen zu wollen.

Ökonom*innen denken seit mindestens hundert Jahren drüber nach, wie eine Welt ohne klassische Erwerbs- oder Lohnarbeit aussehen könnte. Die Erwerbsarbeit insgesamt abzuschaffen ist Ziel vieler politischer Projekte, die ich für unterstützenswert halte, weil sie uns der Autonomie über den eigenen Körper näherbringen. Dafür braucht es zunächst eine Entkoppelung von Erwerbsarbeit und Existenzsicherung.

Eine Möglichkeit, diese Entkoppelung politisch herzustellen, ist ein bedingungsloses Grundeinkommen. Ich stelle diese Möglichkeit vor, weil sie mir verhältnismäßig einfach und umsetzbar erscheint. Ein bedingungsloses Grundeinkommen ist ein fixer Geldbetrag, den alle Menschen jeden Monat bekommen – unabhängig davon, wie viel Geld sie zur Verfügung haben.

Die österreichische Politikwissenschaftlerin Barbara Prainsack schlägt beispielsweise vor, dass alle Menschen, die in Österreich leben, 1.200 € im Monat erhalten. Für Kinder unter 16 schlägt sie 600 € vor.[46] Alle Menschen erhalten das Grundeinkommen, unabhängig von ihrem Gehalt. Das hat den Vorteil, dass niemand „durchs Raster fallen" kann und der Vorgang relativ unbürokratisch ist. Menschen mit hohem Einkommen zahlen gleichzeitig hohe Einkommenssteuern. Sie bekommen zwar trotzdem ein Grundeinkommen, haben damit aber nicht faktisch mehr Geld am Konto, sondern eher weniger. Wenn ihr Einkommen aber ausfällt, bleibt auch ihnen das Grundeinkommen. Zusätzlich schlägt Barbara Prainsack vor, das Grundeinkommen vor allem über eine Vermögenssteuer zu finanzieren. Das würde dazu führen, dass große Vermögen schrumpfen.

Ein bedingungsloses Grundeinkommen schafft Armut von heute auf morgen ab. Das ist das Radikale daran. Es schafft keine Gesellschaft, in der nicht gearbeitet werden muss, in der alle gleich viel „Luxus" zur Verfügung haben. Aber es lässt uns eine große Freiheit erahnen: Niemand *muss* mehr arbeiten, um zu leben. Gerade für chronisch kranke Menschen wäre das eine große Entlastung.

Es gibt neoliberale Vorschläge, die ein Grundeinkommen verwenden möchten, um den Sozialstaat abzuschaffen. Denker*innen wie Prainsack geht es um das Gegenteil: Subsistenz – also das für ein menschenwürdiges Leben Notwendige – soll als Menschenrecht anerkannt werden: „Das Grundeinkommen ist aber kein Geld fürs Nichtstun .... Es sagt: Wir vertrauen den einzelnen Bürger*innen, dass sie beitragen, wie sie beitragen können. Dafür bekommen sie das Grundeinkommen, auch weil sie Mensch sind." Es ist nicht die einzige staatliche Maßnahme, sondern eine von vielen, um eine gerechtere Gesellschaft herzustellen.[47] Prainsacks Vorschlag für ein Grundeinkommen denkt Verteilungsgerechtigkeit stark mit. Das heißt, es geht nicht darum, dass alle Menschen einfach Geld bekommen. Es geht darum, dass alle Menschen ihre Existenz gesichert haben und die Gesellschaft gleichzeitig immer gerechter wird.

Wichtig ist dabei die Frage, wer Anspruch auf das Grundeinkommen hat. Das macht ein großes Problem auf: Gerechtigkeit innerhalb eines Nationalstaats ist keine Gerechtigkeit. Ich habe bereits erklärt, dass sich Grundrechte nicht nur für manche einführen lassen, sondern immer alle betreffen müssen. Wenn ein Grundeinkommen also nur in einem Land ausgezahlt wird, ändert das noch nichts an der Lage der meisten Menschen, geschweige denn der meisten Lebewesen. Ein Grundeinkommen ist außerdem nur eine Art, wie Existenzsicherung und Erwerbsarbeit voneinander zu trennen sind. Entscheidend ist aus meiner Sicht, dass wir diese Trennung in Angriff nehmen.

Nicht mehr auf Erwerbsarbeit angewiesen zu sein, ist eine Grundvoraussetzung, um sich frei für Gemeinschaften entscheiden zu können – denn oft leben Menschen aufgrund ökonomischer Abhängigkeit in Zusammenschlüssen: Sie bleiben bei Partner*innen, weil das Geld fehlt, um auszuziehen, sie mieten sich in WG-Zimmer ein, weil das die günstigste Option ist, sie wünschen sich ein Eigenheim, weil das Sicherheit bringt. Die Schriftstellerin Lola Olufemi beschreibt in *Experiments in Imagining Otherwise:* Eine Grundsicherung würde uns erlauben, neu zu organisieren, in welchen Gebäuden und Familien wir leben, welche Ausbildung wir bekommen und was wir essen. Es gibt die Möglichkeit auf ein Zusammenleben, das ohne materielle Zwänge funktioniert.[48]

Ich habe erklärt:
Die Philosophin Eva von Redecker sagt, dass Arbeit anstrengend sein kann.
Es gibt aber Teile der Arbeit, die uns Erholung verschaffen können.
Ich glaube, dass es eine gute Idee ist, dass alle Menschen genug zum Leben haben. Egal, ob sie arbeiten oder nicht.
Barbara Prainsack sagt: Wir brauchen ein bedingungsloses Grundeinkommen.
Das bedeutet, dass alle Menschen Geld bekommen, um zu leben. Egal, wer sie sind.

Sicherheit für alle

Ich erkläre:
Sicherheit heißt oft:
Wir kontrollieren alle und alles.
Dadurch sind aber nur manche Menschen sicher.

Ich schaue auf mein Handy und es ist Mitternacht, ich dachte, es ist vielleicht acht Uhr abends. Ich habe mich in einem Gespräch mit einer Freundin verloren. Es ist ein Sonntag im Jänner, wir sitzen jetzt seit sechs Stunden auf ihrem Sofa. Wir trinken Tee und reden und haben nicht bemerkt, wie die Zeit mit uns davongeflossen ist.

Ich kenne das noch nicht so lange, dass ich wie aus Wasser am anderen Ende einer Erfahrung auftauche. Wenn sich die Zeit so anfühlt, dann heißt das für mich, ich fühle mich sicher. Sicherheit hat für mich nichts mit Männern mit Pistolen zu tun, mit doppelt verschließbaren Schlössern oder einem persönlichen Bodyguard. Sicherheit bedeutet für mich das Gegenteil: die Kontrolle aufzugeben.

Das ist eine wichtige Beobachtung, denn wenn von Sicherheit gesprochen wird, wird oft Kontrolle gemeint: Zäune, Gesetze und bewaffnete Menschen, die dafür sorgen, dass diese eingehalten werden. Grenzen, die nur manche Körper überschreiten können. Die Polizei, die Menschen bestraft, und ein Justizsystem, das sie einsperren darf. Wir glauben, dass es gefährliche Menschen gibt. Daher scheint soziale Kontrolle durch die Polizei und durch bewaffnete Menschen wünschenswert, schreibt die amerikanische Aktivistin Mariame Kaba.[49] Aber Sicherheit muss nicht nur heißen, andere bestrafen zu können, wenn sie Regeln brechen. Sicherheit muss nicht heißen, einander mehr und mehr zu misstrauen und möglichst viel zu kontrollieren. Im Gegenteil.

Ich habe bereits beschrieben, dass die Möglichkeit, Autonomie über den eigenen Körper zu fühlen, sehr ungleich verteilt ist. Eine Möglichkeit, diesen Zusammenhang zu beschreiben, ist der Begriff „strukturelle Gewalt". Strukturelle Gewalt ist ein Konzept des Friedensforschers Johan Galtung. Es meint, dass Gewalt gesellschaftlichen Strukturen, zum Beispiel der Schule oder der Arbeit, inhärent, also Teil davon sein kann, ohne dass ein konkreter Akteur die Gewalt ausübt.[50] Bestimmte Menschen, bestimmte Körper erfahren diese Gewalt fast sicher, wenn sie sich durch diese Institutionen bewegen: Zum Beispiel Menschen mit Behinderungen, denen Autonomie abgesprochen wird, jüdische Menschen, die antisemitische Angriffe erfahren, PoC, die Angst vor der Polizei haben müssen.

Dieses System, das manche sicher hält und andere in Gefahr bringt, schützt uns nicht. Wir sind nicht sicher und wir werden nicht sicher sein, solange wir in diesem System leben, das auf Kapitalismus beruht. Unsere Körper müssen arbeiten, um ihre Existenz zu sichern.

Ich sehne mich nach Verhältnissen, in denen alle Körper gleichermaßen sicher sind. Denn Sicherheit, die kontrolliert, einschüchtert und bestraft, ist keine Sicherheit.

Alle Menschen schützen

Ich erkläre:
Sicherheit muss für alle Menschen gelten.
Die Polizei ist keine grundsätzlich gute Idee, wenn es um Sicherheit geht.
Auch Grenzen, über die nur manche Menschen reisen dürfen, sind keine gute Idee.

Ich friere noch, als ich den ersten Löffel Suppe esse. Es ist Sonntagabend Anfang September und plötzlich ungewöhnlich kalt. Es regnet und stürmt so stark, dass tausende Haushalte in Niederösterreich unter Wasser stehen. In Wien schwillt der Wienfluss von einem Bach zu einem riesigen Fluss an. Tausende Menschen verlieren fast alles, was sie besitzen, fünf Menschen sterben.

Mein Freund Partsch und ich sitzen in einem Lokal in der Wiener Innenstadt und essen Suppe. Eigentlich sitzen wir aber vor allem da und halten uns. Wir halten uns in dieser beängstigenden Sicherheit mitten in der Naturkatastrophe, der ganzen Schwere und der ganzen Freude, die unsere Leben gerade haben.

Ich denke an das Netz an Menschen, in das ich mich verwoben fühle. Ein Netz aus Textnachrichten und Verabredungen und gemeinsamen Theaterbesuchen und Ausflügen. Wochenenden, die geplant, und Aktivitäten, die gebucht werden. Anrufe am Heimweg, kleine Notizen auf meinem Schreibtisch. Menschen, die mich auf viele Arten halten, wie Partsch und ich einander an diesem Abend mit der Suppe.

Ich denke an die vielen Gleichzeitigkeiten und Widersprüche, die Gemeinschaft für mich hat: Während wir Suppe essen, organisiert sich in ganz Österreich Hilfe. Sie ist unbürokratisch, schnell, spontan. Sie hilft gegen eine Naturkatastrophe, die, von der Klimakrise befeuert, immer wahrscheinlicher wird. Für die wir mitverantwortlich sind. Dieselben Politiker*innen, die sich jetzt betroffen zeigen, könnten solche Ereignisse verhindern. Für viele wird die Hilfe nicht reichen. Am ersten Tag des Hochwassers gab es in Österreich zwei mutmaßliche Femizide.[51] Wenige Tage zuvor wurde eine Unterkunft für Geflüchtete angezündet.[52] Unsere Gemeinschaft, die Menschen hält, die dafür sorgt, dass Schlamm aus ihren Kellern gegraben wird und sie etwas Trockenes anzuziehen haben, schließt Menschen ebenso aus und gefährdet sie.

Diese Gleichzeitigkeit lässt sich nicht ignorieren. Unsere Zivilgesellschaft schützt nicht alle bedingungslos. Im gegenwärtigen System gelten oft vor allem die Menschen als gefährlich, die unter schlechten Bedingungen leben: In Österreich zum Beispiel Geflüchtete oder rassifizierte Menschen und armutsbetroffene Menschen. Damit werden bestimmte Communities kriminalisiert und stärker überwacht als andere. Diese Realität ist nicht einfach da, sie wird hergestellt: Polizeigewalt is here to stay, so erklärt das ein Mitglied des Kollektivs Big Sibling in einem Podcast.[53] Das Kollektiv engagiert sich gegen rassistische Polizeigewalt. Sie ist kein Problem, das sich schnell damit ausbügeln lässt, dass einzelne rassistisch eingestellte Polizist*innen entlassen oder besser ausbildet werden. Polizeigewalt ist ein (systemisch) gewollter Effekt: Die Polizei ist dazu da, die Ordnung, die gerade herrscht, zu erhalten und herzustellen. Und diese Ordnung ist rassistisch und gewaltvoll. Eine neue, gerechtere Ordnung ist deshalb nur ohne die Institution der Polizei in ihrer jetzigen Form möglich.

Das Grundproblem ist nicht die Polizei selbst, sondern die sogenannte „Staatsgewalt“, der Umstand, dass der Staat Gewalt durch die Exekutive – also unter anderem durch die Polizei – ausüben darf. Die Polizei ist in Ländern wie Österreich und Deutschland eine Institution, die besonders deutlich zeigt, welche zerstörerischen Auswirkungen diese Staatsgewalt haben kann.

Eine Welt ohne Polizei soll kein Chaos sein, in dem Gewalt herrscht, schreibt Mariame Kaba. Die Aktivistin und Pädagogin ist Teil des sogenannten Abolition Movements, das sich für die Abschaffung der Polizei einsetzt. Es geht dabei um die Vision einer Gesellschaft, die so radikal zusammenhält, dass sie die Polizei unnötig macht. Das Ziel von Abolitionismus ist eine Gesellschaft ist, die neu strukturiert ist. Es soll darin möglich sein, Gewalt anzusprechen, ohne sich auf Systeme verlassen zu müssen, die Gewalt vervielfachen.[54]

In einer Welt, die unsere Körper sicher hält, gäbe es die Möglichkeit, Gewalt vorzubeugen und Unterstützung für die Konfrontation mit ihr zu bekommen. Wenn wir mit jemandem über eine Eskalation oder ein Problem sprechen, dann würde uns dabei vielleicht eine Behörde unterstützen. Aber es wäre eine, die nicht versucht, eine Situation durch die Ge-

genwart von bewaffneten Menschen zu beruhigen. Stattdessen könnte sie aus Sozialarbeiter*innen, Psychotherapeut*innen und Menschen aus der Gemeinschaft, um die es in der Situation geht, bestehen. Diese Möglichkeit müsste an möglichst allen Orten bestehen.

Denn das System, das vulnerable Menschen oft als „gefährlich" einstuft, ist international organisiert. Ein wichtiges Instrument sind dabei Grenzen. Die Grenzen von Nationalstaaten und die Ordnung, die sie mit sich bringen, gelten als positiv. Sie werden als „vital for democracy" beschrieben, schreiben Gracie Ma Bradley und Luke de Noronha in *Against Borders*.[55] Aber Menschen in manchen Ländern haben schlechteren Zugang zu Bildung, eine geringere Lebenserwartung und erleben eher Gewalt als Menschen anderswo. Ob Grundrechte eingehalten und allen gewährt werden, ist auch abhängig von Staatsbürger*innenschaft.

Für funktionierende Demokratien braucht es feste Einheiten, so die gängige Argumentation. Doch diese Perspektive vergisst, dass unterschiedliche Nationalitäten sehr wohl mit unterschiedlichen Rechten einhergehen. Bradley und Noronha schreiben: Alle Nationalstaaten werden als gleichwertig und souverän dargestellt, um diese Erzählung über Grenzen beizubehalten.[56] Das entspricht aber nicht der Realität: Ökonomische Ungleichheit und der fortbestehende Kolonialismus machen das schwer möglich. Kolonialismus meint, dass einige wenige Länder, zum Beispiel England und Deutschland, andere Länder beherrschen und ausbeuten. Bis in die zweite Hälfte des 20. Jahrhunderts waren viele Länder im Globalen Süden formell Kolonien. Bis heute bestehen Kolonien fort: beispielsweise die Kanarischen Inseln oder die Azoren. Bis heute profitieren Länder des Globalen Nordens von ihrer Übermacht. Aber für die meisten Menschen bringt dieses System Nachteile. Sicherheit für alle Menschen ist also kaum möglich in einer Welt, in der Grenzen die Rolle spielen, die sie heute haben.

Denn Menschen, die versuchen, sich von Ländern, in denen sie weniger Privilegien haben, in privilegiertere zu bewegen, erfahren massive Gewalt. Auch wenn sie aus ihrer Heimat fliehen müssen: 2023 sind laut UN im Mittelmeer über 4.000 Menschen ertrunken oder werden vermisst.[57] Einer dieser rund 4.000 Menschen war Sultan Almulqi. Er war sechs Jahre alt und ertrank im Februar 2023 mit 93 anderen Menschen vor der Küste Italiens. Sein Bruder Assad hielt ihn stundenlang über Wasser – vergeblich. Sultan ertrank.[58] Dass schutzsuchende Kinder sterben, ist die direkte Folge politischer Entscheidungen, kein tragischer Einzelfall – längst wissen wir von Pushbacks, also vom gewaltsamen Zurückdrängen von schutzsuchenden Menschen an Grenzen. Migrant*innen werden als „irregulär“, als „illegal“ als „gefährlich“ dargestellt.

Um Widerstand gegen diese Gewalt zu leisten, gibt es viele Versuche, auch von geflüchteten Menschen selbst. Die deutsche Organisation Refugees4Refugees ist eine Selbstorganisation von Geflüchteten für Geflüchtete. Ikenna Nzube organisiert seit 2022 Unterstützung für abgeschobene Menschen, die in Nigeria ankommen: „Wenn ich ein bisschen

Deutsch mit ihnen spreche, fällt es ihnen leichter, hier anzukommen. Die Leute wohnten nicht nur in Deutschland, die lebten dort." Nzube bietet ihnen eine Wohnung, in der sie ein paar Tage unterkommen können, Wasser, Essen, eine Möglichkeit, die Familie anzurufen. Oft geschehen Abschiebungen für die Betroffenen unvorhersehbar, sie kommen mit nichts. Nzube unterstützt sie.[59]

Gleichzeitig macht Refugees4Refugees auch politische Arbeit: 2015 organisierte die Plattform Aktionstage gegen die deutsche Waffenindustrie. Ziel war es zu zeigen, dass deutsche Waffenexporte ein Grund sind, warum Menschen flüchten müssen. „Gäbe es in meinem Land keine Waffen, könnte ich die Politik als Oppositioneller herausfordern", sagt Rex Osa in einem Interview mit der *taz* über die Initiative. Osa dreht das Narrativ über Geflüchtete als Menschen, die auf Hilfe angewiesen sind, um: „Sie halten uns in der Rolle der Opfer. Wir sitzen im Heim und müssen ihre Hilfe annehmen. Das wollen wir nicht. Wir wollen die Strukturen bekämpfen, wegen derer wir fliehen mussten. Alles andere ist keine Lösung."[60]

Aber nicht nur Menschen, die fliehen müssen, auch Menschen, die sich dem System von Grenzen und Staatsbürger*innenschaft nicht unterordnen, erfahren Gewalt – ein Beispiel dafür sind die Rom*nja und Sinti*zze: Sie sind eine ethnische Minderheit, die seit mehreren hundert Jahren in Europa lebt und wiederholt Diskriminierung und Gewalt ausgesetzt ist. Diese Gewalt geschah auch, weil die Rom*nja und Sinti*zze lange nicht sesshaft lebten, sondern umherzogen. Immer wieder wurde gewaltsam versucht, sie „sesshaft zu machen“. Rom*nja und Sinti*zze wurden im Nationalsozialismus verfolgt und ermordet.[61] Bis heute sind sie Diskriminierung ausgesetzt: Laut der Sensiro Studie aus dem Jahr 2020 sind in Österreich Diskriminierung und Rom*njafeindlichkeit bestimmende Faktoren in vielen Lebensbereichen von Rom*nja und Sinti*zze. Zum Beispiel in der Schule, bei der Jobsuche, im Gesundheits- und Wohnbereich.[62] Die Künstlerin Małgorzata Mirga-Tas setzt sich als Romni mit ihrer Kultur auseinander und schafft Gegennarrative zu den oft diskriminierenden Stereotypen, mit denen ihre Kultur in Verbindung gebracht werden. Sie zeigt dabei oft Alltagsszenen, die für sie eine Utopie darstellen. Mirga-Tas sagt in einem Interview: „the specificity of our culture is that for us there are no such things as borders“.[63]

Grenzen, Staatsbürger*innenschaft und klare Zugehörigkeit stellen Menschen in eine Eigentumsbeziehung zum Land: Damit Migration sich überhaupt als Problem darstellt, muss die Annahme gelten, dass Menschen sich in einer Eigentumsbeziehung zu Land befinden. Land wird damit zu einer Ware, die besessen und von einer bestimmten Gruppe kontrolliert werden kann. Aber: Die Beziehung zwischen einem Menschen und Land sollte keine Eigentumsbeziehung sein. Land und Zugehörigkeit müssen andersherum begriffen werden: Das Land gehört uns nicht. Wir gehören zum Land.[64]

Natürlich bedeutet das nicht, dass alle morgen auf ihre Staatszugehörigkeit verzichten sollen. Solange es kein besseres System gibt, ist Staatszugehörigkeit zentral, um überhaupt zu Rechten und Privilegien zu kommen. Deshalb sind Maßnahmen, die Menschen den Zugang zu Staatsbürger*innenschaft erleichtern, wichtig. Zum Beispiel braucht es dringend eine Reform der österreichischen Staatsbürger*innenschaft: Mehr als ein Drittel der Menschen, die in Wien leben, dürfen nicht wählen. Viele dieser Menschen leben schon lange in Wien, haben aber keine Staatsbürger*innenschaft. [65]

Wenn wir die Idee ernst nehmen, dass uns Land nicht gehört, dann gilt auch: Es braucht keine Nationalstaaten mehr, innerhalb deren Grenzen sich manche Menschen aufzuhalten und mitbestimmen dürfen – und andere nicht. „If no one owned land, there could be no nation-states, only commons – a world in common", schreiben Bradley und Noronha.[66] Eine gemeinsame Welt für alle, egal woher wir kommen.

Unsere Körper sind keine harten, festen Gegenstände, die wir wie Pfeiler, Häuser oder Fahnenstangen auf einen Grund stellen, uns in ihm verankern können und ihn so als unseren markieren. Der Boden macht etwas mit uns, egal, wohin wir gehen, wie lange oder wie kurz wir bleiben. Wir gehören zur Erde. Wir fließen miteinander dahin. Unsere Körper sind flüssig. Wie Astrida Neimanis schreibt: „We ebb and flow across time and space – body, to body, to body, to body."[67]

Ich habe erklärt:
Die Polizei und Grenzen halten nur manche Menschen sicher.
Die Polizei gefährdet migrantische, PoC- und FLINTA-Personen.
Auch die Idee nationalstaatlicher Grenzen machen Menschen sehr ungleich sicher, abhängig von ihrem Geburtsort.
Das muss sich ändern, damit alle alles fühlen können.

Sicherheit für alles Leben

Ich erkläre:
Sicherheit soll auch für alle gelten, die keine Menschen sind.
Dafür brauchen Menschen und Tiere und Pflanzen alle Rechte.
Gerade gibt es jedoch eine große Krise: die Klima- und Biodiversitätskrise.
Sie bedroht und tötet viele Lebewesen.
Das muss aufhören, damit alle sicher sind.

Wenn mir Zerstörung begegnet, kommt mein Körper mir sehr klein vor. Ich stehe zwei Jahre nach der Flut im immer noch zerstörten Ahrtal und wundere mich, dass ich nicht verschwinde in der Landschaft. Ich bemerke, dass ich seit Jahren kein Tagpfauenauge mehr gesehen habe – den Lieblingsschmetterling meiner Kindheit. Und ich frage mich, wie es sein kann, dass meine Hand so groß ist, dass ein Schmetterling auf ihr landen kann. Ich lege mich mit einem nassen Handtuch auf den Fußboden neben mein Bett, weil es zu heiß zum Schlafen ist und weiß, dass das keine schlimme Hitze ist. Ich wundere mich, dass mein Bett nicht viel zu groß für mich ist.

Ich frage mich, wie es sein kann, dass meine Hände um die Hand eines anderen Menschen reichen, dass meine Arme eine andere Person einschließen können. Dass meine Schritte mich nach vorne bringen. Dass man mich hören kann, wenn ich etwas sage.

Während ich all das denke, ist die Zerstörung unfassbar und allgegenwärtig. Das Prinzip Sicherheit als Kontrolle, das Menschen gegeneinander ausspielt, wirkt über das menschliche Zusammenleben hinaus. Zerstörung ist ein notwendiges Prinzip dieser „Sicherheit": „Ganze Sektoren der Lohnarbeit entpuppen sich nämlich unmittelbar als Lebenszerstörung", schreibt Philosophin Eva von Redecker. Sie meint damit nicht zuletzt die fossile Industrie, die die Klimakrise befeuert, genauso aber die Industrie, die Tiere schlachtet: „(D)er Kapitalismus zerstört das Leben."[68] Ganze Teile der Erwerbsarbeit sind aktiv damit befasst, Leben zu zerstören: Bulldozer, die Wald roden, Maschinen, die Schweine zerteilen, Gas- und Ölkonzerne.

Diese Zerstörung von Leben und Lebensraum wird oft damit gerechtfertigt, dass sie Menschen sicher hält, sie vor der „wilden Natur" schützt und ausreichend mit Ressourcen versorgt. Dabei gilt auch dieses Versprechen nur für einen kleinen Teil der Menschen. Trotzdem ist in westlichen Gesellschaften diese Trennung dominant. Auf der einen Seite gibt es die Natur: das Wilde, das Gefährliche. Auf der anderen Seite die angeblich geordnete, sichere Gesellschaft. Dabei ist auch diese Gesellschaft für Menschen und Tiere gefährlich.

2023 waren bereits sechs von neun Grenzen planetarer Belastbarkeit überschritten. Die planetaren Belastbarkeitsgrenzen sind ein Modell von Forscher*innen, das zeigen soll, wie sehr wir die natürlichen Ressourcen unseres Planeten überbeanspruchen. Das Modell der planetaren Grenzen benennt verschiedene Bereiche, die es braucht, damit das Ökosystem der Erde stabil bleibt: nicht zu viel Treibhausgas-Konzentration zum Beispiel, oder ein Maß an Entwaldung, das Regeneration zulässt. 2009 waren drei dieser Grenzen überschritten, 2015 vier, 2023 sechs. Das ist nur eine von vielen Arten zu erklären, dass wir uns in einer Phase der Destabilisierung befinden. Die Widerstandsfähigkeit der Natur ist enorm gefährdet. Wir befinden uns außerhalb der sogenannten „safe operating zones".[69] Das bedeutet, die Stabilität unseres ökologischen Systems ist stark beeinträchtigt. Es ist nicht länger garantiert, dass es uns auf lange Sicht mit Lebensgrundlagen versorgen kann: mit Nahrung, sauberer Luft und Trinkwasser.

Bis heute steigen die globalen Emissionen immer weiter – trotz entgegengesetzter Versprechen der Politik.[70] Die Krise trifft am allermeisten jene, die am wenigsten zu ihr beigetragen haben: 2019 verursachte das reichste Prozent der Menschen 16 % des CO2s und damit so viel wie die ärmsten 66 % der Bevölkerung zusammen.[71] Reichtum und Emission hängen direkt zusammen. Ein großes Haus, ein großes Auto, viele Reisen und jede Menge Besitz: Wer Geld hat, verursacht Treibhausgase.

„Die Apokalypse ist längst da", schreibt Philosophin Eva von Redecker.[72] Die Apokalypse ist nicht mehr aufhaltbar, kein abwendbares Problem der Zukunft. Sie hat sich für viele Menschen, Regionen, Lebewesen schon längst ereignet: für indigene Menschen, die in vielen Regionen der Welt um ihre Lebensweise kämpfen, für Menschen im Globalen Süden, denen das Nötigste fehlt. Menschen, die vor Krieg oder Gewalt fliehen müssen. Aber auch Menschen in Österreich: von Gewalt betroffene FLINTA, migrantische und rassifizierte Menschen, Menschen mit Behinderungen, deren Menschenrechte immer wieder in Frage gestellt werden. So zu tun, als würde sich eine Krise in der Zukunft ereignen, macht nur Sinn aus der Perspektive derjenigen, die noch nicht unter ihr leiden.

2019 blockierte eine Gruppe indigener Frauen das argentinische Innenministerium. In einem Text erklären sie ihre Aktion. Er heißt: *La Rebelión des Flores Nativas*. Die Rebellion der heimischen Blumen. Die protestierenden Frauen wollen zeigen, wie schädlich die Politik der argentinischen Regierung ist: „Wir haben zugelassen, dass ein System des Todes eingeführt wurde", schreibt die Gruppe. „Wir verkünden die Rebellion der einheimischen Blumen. Sie säten Terrezide, sie werden Rebellion ernten!!!!". Sie werfen der Regierung einen sogenannten „Terrezid" vor. Damit gehe die indigene Lebensweise mehr und mehr verloren. „Wenn indigene Völker ermordet werden, wird auch die Möglichkeit, ein neues Gesellschaftsmodell aufzubauen, ermordet."[73] Während Menschen in Europa noch von der Abwendung der ökologischen Krise sprechen, ist für diese Menschen klar, dass sich die Zerstörung längst ereignet hat. Sie aufzuhalten ist unsere gemeinsame Aufgabe.

Denn Sicherheit für alle Menschen und alle Lebewesen funktioniert nur in Gemeinschaft. Wenn wir sie gewährleisten wollen, müssen wir neu denken, was Sicherheit bedeutet. Wichtig für diese neue Ordnung ist, nicht pauschal Angst vor Menschen zu haben. Die anderen sind nicht anders als wir, sondern uns ähnlich. Fremde Menschen sind nicht gefährlicher als Menschen, die wir lieben. Das kann man naiv finden. Ich finde es konsequent.

Angela Davis fordert in ihrem Buch *Abolition Democracy* einen erweiterten Begriff von Sicherheit. Sicherheit, so Davis, würde auch heißen, eher Geld in Wohnen, Gesundheit und Bildung zu stecken statt in Gefängnisse.[74] Sicherheit für alle fokussiert nicht darauf, was geschieht, wenn etwas Schlimmes passiert ist. Es geht nicht darum, wie wir bestrafen, wenn Gewalt passiert. Es geht darum zu fragen, wie wir verhindern, dass Gewalt passiert. Das ist eine große Aufgabe.

Eine Möglichkeit, sich dieser Aufgabe zu widmen, ist es, Gefühle als gemeinsame, als politische Erfahrung zu verstehen. Zu vielen Gefühlen hat sich in meiner Auseinandersetzung mit der Welt in den letzten Jahren mein Verhältnis geändert.

Ich habe gemerkt, dass ich einen Teil meiner Scham überwinden möchte, dass ich manchmal stolz auf

meine Wut sein kann, dass ich meine Angst aushalten kann. Ich habe entdeckt, wie ich mich meiner Lust zuwenden will. Und ich habe begonnen, anders über Liebe und über Freiheit nachzudenken.
Wie und warum ich glaube, dass das passiert ist, erkläre ich im nächsten Teil dieses Buches.

Ich habe erklärt:
Sicherheit für alle Menschen und alle Lebewesen gibt es nur, wenn die Zerstörung abnimmt.
Dafür müssen wir die Klimakrise aufhalten.
Sicherheit darf nicht mehr vor allem Kontrolle heißen.
Unser Ziel sollte sein, dass wir uns so sicher fühlen, dass wir die Kontrolle aufgeben können.

Wer weiß eine bessere Welt, der trete vor.

— **Ingeborg Bachmann,**
aus: „Ich weiß keine bessere Welt.
Unveröffentlichte Gedichte."[75]

Widerständige Gefühle

*Jeder Mensch fühlt seine*ihre Gefühle.*
Aber diese Gefühle verbinden uns.
Wir machen Erfahrungen gemeinsam.
Deshalb sind Gefühle politisch.
Das hat verändert, wie ich bestimmte Gefühle wahrnehme.

Der Boden bebt. Bum, bumbum. Bum, bumbum. Sechzig FLINTA stampfen im selben Rhythmus. Dann beginnen sie zu sprechen: „Das Patriachat ist ein Richter, der uns verurteilt, weil wir hier sind. Und unsere Strafe ist die Gewalt, die du nicht siehst."

Ich sitze einige Meter vor ihnen und spüre das Beben. Der Sprechchor des Theaterkollektivs Hybrid erzählt die Geschichten von FLINTA, die in Femiziden ermordet wurden. Vor einigen Tagen habe ich den ersten Teil ihrer Performance gesehen. Seitdem konnte ich an nichts anderes denken. Etwas an den Geschichten und daran, dass sie von so vielen Stimmen gleichzeitig erzählt werden, fesselt mich so, dass ich im Juni 2023 früher von einer Reise zurückkomme. Ich möchte auch den letzten Teil sehen. Nach dem Stück herrscht ein paar Momente Stille. Dann beginnt noch eine Performance – mit dem Stampfen und einem Text, den ich kenne: „Und die Schuld war nicht meine, wo ich war oder was ich trug, und die Schuld war nicht meine, wo ich war oder was ich trug, und die Schuld war nicht meine, wo ich war oder was ich trug: Der Vergewaltiger bist du!"

Ich habe diese Zeilen wieder und wieder gehört. Bevor ich Männer, die gewalttätig waren, konfrontiert habe. Nachdem ich die Geschichte einer Freundin, die missbraucht wurde, gehört habe. Immer, wenn mir der Mut fehlte. Die Performance stammt von dem chilenischen Kollektiv LasTesis. Sie wurde 2019 bekannt. Damals gingen Videos von FLINTA, die im öffentlichen Raum tanzen, viral. In Chile, Argentinien, irgendwann in vielen Ländern auf der ganzen Welt. Teilweise waren es tausende.

Vier Jahre später gibt gibt das Kollektiv LasTesis ein Buch heraus. Der deutsche Titel lautet: *Verbrennt eure Angst*. LasTesis schreiben darin: „Was eine von uns erlebt, erleben wir alle."[76] Sich als Kollektiv zu verstehen und mit Gefühlen als kollektive Erfahrung zu arbeiten, ist Teil ihrer politischen Strategie. Denn zu glauben, dass die eigenen Erfahrungen isoliert passieren, helfe dem Patriachat fortzubestehen. Unser Schmerz ist politisch. Er muss nicht nur uns selbst beschäftigen, er geht alle an. Das Kollektiv verwendet die eigenen Körper, um das zu begreifen. LasTesis zeigen, dass wir mit unseren kollektiven Erfahrungen gemeinsam arbeiten können, um etwas zu verändern. Das ändert, wie ich bestimmte Gefühle erlebe.

Gefühle, die ich früher als negativ oder nicht beachtenswert betrachtet habe, sind wichtig. Meine Scham, meine Wut, meine Angst und meine Lust.

Das liegt auch daran, dass ich glaube, dass sie sich besonders gut als politische Gefühle verstehen lassen.

Das Ende der Scham

Ich erkläre:
Viele FLINTA schämen sich für ihre Körper.
Diese Scham ist politisch.
Denn Scham macht uns still.
Bei Scham geht es oft um die Angst, nicht zu passen.
Das müssen wir ändern.
Ich schäme mich immer seltener.
Ich werde immer öfter stolz oder wütend.

Ich habe mich lange für meinen Körper geschämt. Genauer für die folgenden Dinge an ihm, ich gebe sie in einer (nicht vollständigen) Liste wieder:

- Dass ich auf Videos oder Fotos, egal was ich mache, schrecklich krumm und ungelenk aussehe.
- Dass meine inneren Vulvalippen unterschiedlich groß sind und mehr noch, dass ich ganz lange nicht wusste, wie normal das ist (dabei bin ich doch Feministin!), und dachte, das ist ein ganz einzigartiges Feature meines Körpers.
- Dass ich immer wieder Nagelpilz auf meinem rechten Zehennagel bekomme.
- Dass meine Brüste nicht stehen wie die Perky Boobs der Models in den Werbungen, die ich mit sechzehn etwas zu oft gesehen habe, sondern ganz leicht hängen, so wie die vieler Menschen mit Brüsten.
- Dass meine Oberschenkel eine Rundung haben, die dazu führt, dass meine Beine meiner Meinung nach nie elfenhaft und fein aussehen.

Von allen diesen Dingen habe ich lange niemandem erzählt. Vor manchen hatte ich richtig Angst. Ich spürte eine dumpfe Panik. Ich hatte das Gefühl, etwas Schlimmes wird passieren, wenn ich sie ausspreche. Scham macht uns ängstlich und leise. Scham will, dass wir uns zurückziehen. Sie ist „der größte Stillmacher“, schreibt die Autorin und Literatur-Kritikerin Lea Schneider in ihrem Aufsatz *Scham*. „Momente der Beschämung sind Momente des Verstummens“[77].

Scham hat oft mit unseren Köpern zu tun, denn Körper und Identität sind fast zwangsläufig verknüpft, schreibt Philosophin Luna Dolezal in *The Body and Shame*. Scham ist dabei konstitutiv dafür, in der Welt zu sein.

Eigentlich hat Scham also nichts damit zu tun, dass wir Angst haben, nicht mehr Teil einer Gruppe zu sein, dass wir – wie ich manchmal – glauben, wir werden vielleicht nicht mehr geliebt, wenn die Menschen um uns herausfinden, wie unser Körper aussieht. Es geht um einen viel grundsätzlicheren Schmerz: Bei Scham geht es um Sichtbarkeit, schreibt Dolezal. Wir schämen uns, *weil* wir gesehen werden. Scham macht uns zu Individuen, sie zeigt uns, dass unsere Körper voneinander getrennte Erfahrungen machen. Scham ist „painfully individualizing while incontrollable relational“, schreibt Dolezal. Scham macht uns einsam, indem sie uns zeigt, dass wir Teil einer Gruppe sind.[78]

Lea Schneider beschreibt, dass Scham ihren Ursprung im Abreißen der Verbindung zu anderen hat. Scham entsteht, wenn Kinder verstehen, wie es ist, wenn ihre Bezugspersonen ihren Blick nicht immer sofort erwidern. Wenn sie verstehen, dass sie Wünsche oder Anliegen haben, die nicht immer sofort verstanden werden.

Unsere Körperlichkeit bedingt die Scham, nicht nur, weil Körper von Normen abweichen können, sondern auch, weil sie uns voneinander trennen. Weil wir durch unsere Körper erfahren, dass wir zwar vielleicht verbunden sind, aber dass unsere Leben getrennt voneinander stattfinden. Scham entsteht also aus der Angst, dass uns Verbindung verloren geht: Scham markiert die Abgrenzung unseres Bewusstseins von anderem Bewusstsein, so Schneider.[79]

Scham hat aber auch mit Bewertung von außen zu tun: Luna Dolezal beschreibt, dass marginalisierte Menschen eher Scham empfinden. Beschämung kann eine politische Strategie sein, die genutzt wird, um bestimmte Gruppen in eine marginalisierte Position zu bringen. Gruppen, denen solche Beschämungen passieren, sind zum Beispiel: religiöse Minderheiten, rassifizierte Menschen, queere Menschen und Menschen mit Behinderungen. Scham ist politisch.

Denn Menschen und bestimmte Gruppen an Menschen zu beschämen, weil sie sind, wie sie sind, ist eine Möglichkeit der Unterdrückung: Nur Haartypen, die vor allem weiße Menschen haben, gelten als „hygienisch“, nur Sprachen wie Französisch oder Englisch zu sprechen, gilt als „gebildet”, nur der Lebensstil reicher Menschen gilt als erstrebenswert. Scham ist ein wichtiges Instrument, das sicherstellt, dass Normen eingehalten werden – besonders, wenn es um Körper geht.

Mein Körper ist relativ nah an der Norm: Ich bin *weiß*, ich werde als Frau gelesen, mir wird regelmäßig gesagt, dass ich „hübsch" bin. Ich kann in den allermeisten Bekleidungsgeschäften Hosen kaufen, die mir passen. Ich muss keine Angst haben, aufgrund meines Aussehens einen Job nicht angeboten zu bekommen. Trotzdem: Auch meine Scham zeigt präzise, wie mit unseren Körpern Ansprüche verhandelt werden. Das gilt selbst für Körper, die einem Teil dieser Ansprüche gerecht werden. Ich habe mich ja nicht uninformiert für die Form meiner Beine oder meiner Vulva geschämt, sondern weil ich vermittelt bekommen habe, dass sie einem bestimmten Bild entsprechen sollten. Allein die Angst davor, einer Norm nicht zu entsprechen, reicht schon, um sich zu schämen.

Scham ist bestimmend für Weiblichkeit, schreibt Schneider.[80] Scham und Frau sein hängen unweigerlich zusammen – vor allem in Bezug auf unsere Körper.

Das hat nicht zuletzt auch mit Unaussprechbarkeiten zu tun: Menschen, die als Frauen aufwachsen, lernen kaum, über ihre Körper zu reden. Gerade die Vulva, das Geschlechtsorgan der meisten Frauen, ist extrem tabuisiert. Das war nicht immer so. In *Vulva – Die Enthüllung des unsichtbaren Geschlechts* beschreibt Mithu Sanyal einc Kulturgeschichte der Vulva. Denn auch wenn man heute annehmen könnte, dass Vulven keine kulturelle Relevanz haben, ist das Gegenteil der Fall: In fast jeder Mythologie-Tradition finden sich Geschichten, in denen das Zeigen einer Vulva zur Rettung führt. Auch war es üblich, dass Menschen mit Vulva in Europa ihre Röcke vor einem Feld lüfteten und den Flachs aufforderten, bis zu ihren Vulven zu wachsen. Die Vulva war ein Glückssymbol.[81]

Heute erscheint das absurd: Viele Personen mit Vulva können besser einen Penis benennen und zeichnen als ihr eigenes Körperteil. Die Geschichte der Beschämung des weiblichen Körpers ist ein Beispiel dafür, wie Scham politisch sein kann: Scham zeigt uns, wie wir in Systeme der Gewalt verwoben sind, weil sie oft ein Mittel von Herrschaft ist. Scham dient dazu, dass wir still und brav an unserem Platz bleiben. Dass wir uns nicht trauen, mehr zu fordern als das, was das System uns zuspricht – auch wenn das nicht unseren Grundrechten entspricht.

Aber Scham ist auch ein Gefühl, das auf andere verweist. Scham erinnert uns daran, dass wir aufeinander angewiesen sind. Und so erschreckend oder angsteinflößend diese Verbindung sein kann, so schön ist sie. „We are undone by each other", schreibt Judith Butler in *Undoing Gender*.[82] Wir bleiben nicht immer intakt – weder in der Freude noch im Schmerz, so Butler. Wir bringen uns gegenseitig durcheinander. Und das ist gut so.

Scham wird deshalb kaum verschwinden, selbst in ganz anderen Verhältnissen. Aber vielleicht würde sie uns eher darauf verweisen, wo wir uns nach mehr Verbindung sehnen. Sie müsste nicht mehr ständig mit Angst vor Diskriminierung und Hass verbunden sein.

Ich habe erklärt:
Ich habe mich lange für viele Dinge geschämt.
Diese Scham hatte viel mit meinem Körper zu tun.
Damit, wo er vielleicht nicht gut in die Gesellschaft passt.
Diese Art von Scham ist politisch. Und sie betrifft vor allem Frauen.
Sie weist uns einen Platz zu, sie macht uns still.
Deshalb ist es wichtig, dass wir aufhören, uns zu schämen.
Um das zu zeigen, habe ich vor allem die Arbeit von Lea Schneider und Luna Dolezal verwendet.

Was nach der Scham bleibt

Ich bin weit entfernt davon, ein Leben außerhalb der Scham zu führen. Aber es gibt viele kleine und größere Momente, in denen sich die Scham aufgelöst hat. Als ich meiner Mitbewohnerin wie im Vorbeigehen erzählt habe, dass ich Nagelpilz habe (etwas, wovor ich viele Jahre Panik hatte). Der Morgen, als mich jemand gefragt hat, ob ich etwa keinen BH trüge und ich entspannt gesagt habe: Nein, das mache ich nie. Der Tag, als ich einen Text über sexualisierte Gewalt veröffentlichte.[83]

Scham ist politisch, weil es bei Scham oft darum geht, wo wir vermeintlich nicht in Systeme passen, wo wir Normen nicht entsprechen. Ich glaube, Scham betrifft auch deshalb besonders oft Menschen, die strukturelle Diskriminierung erleben. Wir schämen uns für Eigenschaften oder Verhaltensweisen, die die Normen in Frage stellen.

Dabei sind es gerade diese Eigenschaften und Verhaltensweisen, die wir brauchen, wenn wir etwas verändern wollen. Wenn wir mit unseren Körpern fühlen können wollen, brauchen wir Autonomie über sie. Deshalb ist Scham ein erster Beobachtungspunkt. Scham zeigt uns, dass wir mit unseren Erfahrungen und unseren Körpern ein Stück weit alleine sind. Schwarze Körper, die Körper von Transmenschen und behinderte Körper machen zum Beispiel sehr andere Erfahrungen als *weiße*, „gesunde" Körper und die Körper von cis-Menschen. Scham ist also ein Grund, warum uns die Verbundenheit schwerfällt, vor allem, wenn Scham auf getrennten und unterschiedlichen Erfahrungen mit Unterdrückung basiert.

Diese Erfahrungen gehen mit Verletzungen einher. Wir alle haben negative Erfahrungen, wir alle werden verletzt. Lea Schneider unterscheidet aber zwischen Verletzlichkeit und Verletzbarkeit: „Verletzbarkeit beschreibt (...), im Gegensatz zu Verletzlichkeit, keinen passiven Zustand des Opferseins, den es unter allen Umständen zu vermeiden gilt, sondern eine aktive, ermöglichende Kompetenz."[84] Schneider schlägt vor, Subjekte auf Basis von „Vulnerabilität, Relationalität und Abhängigkeit" zu definieren. Die Verletzbarkeit von Menschen wird so zu einer ermöglichenden Fähigkeit: „Verletzbarkeit beschreibt in diesem Sinne einen Zustand grundsätzlicher Berührbarkeit."[85] Schneider setzt sich vor allem mit dem Schreiben weiblicher Autor*innen auseinander. Scham zu beschreiben ist laut Schneider für viele Autor*innen eine bewusste Entscheidung und damit Teil ihrer Verletzbarkeit. Diese Verletzbarkeit ist die Waffe gegen die Beschämung.

Scham hat oft auch damit zu tun, dass man fürchtet, etwas über einen selbst, dass man gerade geheim hält, könnte öffentlich gemacht werden. Man fürchtet, entblößt zu werden, dass einen ein anderer in eine verletzliche Position zwingt. Dieser Angst lässt sich durch das Sich-selbst-Entblößen – eben auf die Art, auf die man entblößt werden will – zuvorkommen. Das schützt nicht vor Gewalterfahrungen. Aber vielleicht ein Stück vor der Angst vor ihnen. Es geht darum, dazu zu stehen, wer man ist, und sich sicher zu sein, dass man gut ist, wie man ist.

Nicht umsonst ist Pride, also Stolz, die Strategie der queeren Community gegen die Beschämung. Im Juni 1969 widersetzte sich eine Gruppe in der LGBTQIA+-Gemeinschaft Polizist*innen bei der Razzia eines Clubs. Die Proteste wurden stark von Schwarzen Transfrauen und Sexarbeiter*innen getragen. Das Ereignis wurde als „Stonewall Riots" bekannt. Es war ein Wendepunkt in der Geschichte der US-amerikanischen Schwulen- und Lesbenbewegung: Zum ersten Mal leistete sie physischen Widerstand gegen die Polizei.[86] Ein Jahr später, im Juni 1970, wurde eine Parade veranstaltet, um an den Widerstand zu erinnern – heute bekannt als Pride. Einer der Organisator*innen sagte dazu 1971: „And each of these 5,000 homosexuals had a new feeling of pride and self-confidence." Er beschreibt dieses Gefühl als einen der größten Erfolge der Parade. Ein Ziel sei gewesen, den Menschen Mut zu machen und dass sie sich ihrer Würde bewusst werden.[87]

Aber nicht nur in der queeren Bewegung geht es darum, stolz auf die eigene Geschichte zu sein: In der US-amerikanischen Bürger*innenrechtsbewegung und der Globalen Antirassismus-Bewegung spielt Stolz auf die eigene Identität eine wichtige Rolle: „You may write me down in history/With your bitter, twisted lies,/You may trod me in the very dirt/But still, like dust, I'll rise.", schreibt die Schwarze Lyrikerin Maya Angelou in ihrem berühmten Gedicht „Still I Rise".[88] In Angelous Lyrik geht es oft darum, stolz auf die eigene Identität zu sein. Das beschreibt auch Schneider bei ihrer Auseinandersetzung mit weiblichen Autor*innen: Selbstbestimmt über Dinge zu sprechen, für die man beschämt wird, löst die Scham oft auf. Wenn wir uns in dem, wofür wir beschämt werden, selbstbestimmt äußern, machen wir uns verletzbar – aber nicht verletzlich.

Stolz und wütend statt beschämt zu sein, hat politisches Potential. Damit begeben sich Menschen aus ihrer marginalisierten Position und fordern ihre Rechte ein.

Irgendwann habe auch ich beschlossen: Ich werde mich nicht dafür entschuldigen, dass meine Zehennägel hässlich sind, dass meine Nippel zu sehen sind, dass ich Gewalt erfahren habe.

Ich schäme mich nicht mehr. Ich bin wütend.

Ich habe erklärt:
Sich nicht mehr beschämen zu lassen, bedeutet oft, sich zu zeigen – obwohl man Angst hat.
Ich habe dazu das Wort „Verletzbarkeit“ erklärt.
Dabei beziehe ich mich auf Lea Schneider.
Stolz ist die wichtigste Strategie gegen die Scham.
Dazu habe ich erklärt, warum queere Menschen Pride feiern.
Und ich habe gesagt, dass ich mich nicht mehr schämen will, sondern wütend werde.

Wie Wut mutig macht

Ich erkläre:
Ich hatte lange Angst vor meiner Wut.
Ich wollte niemandem weh tun mit ihr.
Jetzt weiß ich: Meine Wut macht mich auch mutig.
Wut muss nicht immer nur schlecht sein.
Sie kann helfen, Ungerechtigkeit zu erkennen und zu verändern.

Es ist Jänner 2020, als ich mich das erste Mal über Wut freue. Ich stehe alleine im Wald am Rande Wiens und brülle in die Stille.

Ich bin laufen und spüre eine Enge in meiner Brust. Später kann ich sie benennen: Ich bin wütend. In den letzten Wochen haben Freundinnen und ich sexualisierte Übergriffe in unserem Umfeld aufgearbeitet. Ich habe mit mehr als zehn jungen Frauen und Menschen, die als Frauen aufgewachsen sind, gesprochen, die zu verstehen beginnen, dass ihnen sexualisierte Gewalt passiert ist. Und ich habe verstanden, dass ich vergewaltigt wurde. Ich habe den Mann, der mich vergewaltigt hat, damit konfrontiert. Ich habe viel über Macht gelernt, über Liebe, über Gewalt. Viel davon tut weh. Aber am allermeisten, dass die Gewalt überall ist. Es ist uns auf der Straße passiert, im Kaffeehaus, im Club. Bei Freund*innen. In der Familie. Zuhause. Wir sind nicht sicher, denke ich.

An diesem Morgen verstehe ich das. Obwohl ich es schon lange weiß. Ich verstehe, dass ich und alle, deren Körper nicht als cis-männlich gelesen werden, in Gefahr sind. Dass das auch für alle nicht-*weißen* und behinderten Körper gilt.

Ich bleibe stehen, ich hole tief Luft und brülle. Ich höre nicht auf zu schreien, bis meine Kehle brennt und ich am ganzen Körper zittere. Aber etwas in mir löst sich. Ich spüre so deutlich wie noch nie zuvor meine Wut.

Damals bin ich das erste Mal in meinem Leben stolz auf sie. Seitdem geht es mir oft so. Ich habe in den letzten Jahren gelernt, meine Wut zu lieben. Weil sie mich mutig und stark macht.

Diesen Gedanken habe ich von Yuria Knoll. Yuria, eine Freundin von mir, ist Schauspielerin und eine der klügsten Personen, die ich kenne. Sie schrieb 2022 für andererseits einen Text darüber, wie sie sich zu Silvester 2021 eine Glatze rasierte: „Menschen, die als weiblich gelesen werden, wissen, was die Gesellschaft von ihnen erwartet: Immer nett und freundlich sein, lächeln, schön sein", schreibt Yuria.[89] Auch deshalb wurde die Glatze von ihren Freund*innen als mutig gefeiert – weil sie sich damit ein Stück dem männlichen Blick entzog, der gesellschaftlich dominanten Vorstellung davon, wann eine Frau schön ist.

Geschnitten hatte sie sich die Haare aber aus einer Wut heraus – weil sie sich in der Pandemie mehr Solidarität wünschte gegenüber Menschen mit chronischer Erkrankung, weil sie sich alleine gelassen und frustriert fühlte. „Ich glaube, oft brauchen Menschen zuerst Wut, um dann etwas Mutiges tun zu können. Wut ist sozusagen die Vorbotin von Mut. Vom Wutausbruch zum Mutausbruch", schreibt

Yuria. „Ich habe gelernt, stolz auf meinen Mut zu sein. Denn ich bin nicht alleine betroffen von der Ungerechtigkeit, die mich wütend macht."

Wie Yuria finde auch ich viele Momente in meinem Leben, die meinen Mut nach meiner Wut ausbrechen haben lassen. Ich zeige den zwei Männern, die mir auf der Straße sagen, dass sie mich gerne ficken würden, den Mittelfinger. Ich erkläre in einer Redaktionssitzung meines Praktikums, warum die Redaktion ihrer Verantwortung in der Klimakrise nicht nachkommt. Ich sage einem Chefredakteur, dass ich finde, er hat eine junge Frau im Team zu sehr unter Druck gesetzt. Ich stehe mit einer Frau, die bereit war, ihren Stiefvater wegen Missbrauch anzuzeigen, vor der Beratungsstelle. Ich habe den Mann, der mich vergewaltigt hat, konfrontiert und darüber einen Text geschrieben, der in einer der größten deutschen Zeitungen veröffentlicht wurde.

Es sind kleine Momente in meinem Alltag, wie nervige Männer auf der Straße, die mich catcallen und auf die ich ungeduldig und damit angemessen reagiere. Aber auch die Kraft, neue, eigene Projekte mitaufzubauen. Sie entstehen immer auch aus der Wut, dass ich glaube, wir verdienen Besseres. Wir verdienen Leichtigkeit und Freude.

Ich habe erklärt:
Meine Wut macht mich mutig, deshalb mag ich sie gerne.
Dazu beziehe ich mich auf einen Text meiner Freundin Yuria Knoll.

Wut lieben lernen

Ich erkläre:
Oft sind Menschen wütend, denen Ungerechtigkeit passiert.
Deshalb ist Wut wichtig.
Sie hilft uns, Veränderung anzustoßen.

Feminist*innen, Antirassist*innen und Menschen, die sich für soziale Gerechtigkeit einsetzen, denken schon lange darüber nach, wie wichtig es sein kann, die eigene Wut ernst zu nehmen, um Veränderung herbeizuführen. Die Philosophin Myisha Cherry entwickelt in ihrem Buch *The Case for Rage: Why Anger Is Essential to Anti-Racist Struggle* eine differenzierte Theorie der Wut.

Cherry macht unterschiedliche Arten von Wut aus. Ihr Argument dabei ist, dass nicht alle Arten von Wut zerstörerisch sind, sondern nur manche. „Rogue Rage" zum Beispiel ist zerstörerisch: Rogue Rage – zu Deutsch etwa unkontrollierbare Wut – ist unfokussiert und kann fast jede*n treffen. Rogue Rage sucht eine Ursache für Ungerechtigkeit und hat wahllos fast alle Menschen zum ZIel. Als Beispiele für diese Wut nennt Cherry unter anderem rassistische Terroristen oder Trolle im Internet.[90]

Wut wie die „Lordean Rage" hingegen steht im starken Kontrast zu den anderen Arten von Wut. Lorde'sche Wut fordert eine tiefgreifende Veränderung, die alle Annahmen betrifft, die unsere Gesellschaft gerade bedingen. Diese Form von Wut schließt dabei andere Gefühle wie Empathie nicht aus. Cherry bezieht die Lorde'sche Wut auf Anti-

Rassismus. Dabei geht es nicht darum, etwas zu zerstören, sondern rassistische Glaubenssätze, Gesetze, Praktiken und Verhaltensweisen zu verändern. Cherry versteht Wut im Sinne Audre Lordes als politische Kraft, die das Ziel einer herrschaftslosen Gesellschaft verfolgt.[91]

„Anger is loaded with information and energy", schreibt Lorde in ihrem Essay *The Uses of Anger*, auf das sich Cherry bezieht. Darin erklärt Lorde die Wut von Frauen als von patriarchaler Gewalt betroffene Menschen als Ressource für die Veränderung, denn: „Every woman has a well-stocked arsenal of anger." Dieses Arsenal könne genutzt werden, um gegen die Unterdrückung vorzugehen, durch die die Wut entstanden ist.[92]

Lorde spricht auch über ihre Position als Schwarze Frau in der feministischen Bewegung und beschreibt, wie negativ oder ablehnend *weiße* Frauen auf ihre Wut reagieren. Dabei könne Wut gerade für die feministische Bewegung ein produktives Gefühl sein. Die Wut, die zwischen Frauen entsteht, ist nicht tödlich wie die „männliche Wut".

In der männlichen Auslegung von Wut, so Lorde, gehe es allzu oft um Vernichtung. Deshalb besteht auch die Angst vor der Wut – weil sie in einer männlichen, patriarchalen Vorstellung mit Gefahr verbunden ist. Im Gegensatz dazu ist Wut für Lorde im feministischen Kontext eine Stärke, die dazu befähigt, Unterschiede als solche anzuerkennen und kreativ zu nutzen. Wut zwischen FLINTA kann Veränderung statt Zerstörung bewirken. Wut hilft der feministischen Bewegung zu wachsen. Wut ist mehr als nur Aggression und schon gar nicht die individuelle Aggression eines Menschen. Wut kann politisch hergestellt sein und damit wichtige Einsichten bringen, schreibt Lorde.[93]

Dieses Verständnis von Wut teilen auch soziale Bewegungen, die sich gegen Diskriminierung und Unterdrückung einsetzen. Angry Cripples ist eine Initiative von Menschen mit Behinderungen, die sich mit dem Ziel gegründet hat „Empowerment von behinderten Menschen für behinderte Menschen" zu leisten. In ihrem ersten Instagram-Post erklären sie: „Wir haben keine Lust mehr, nett, dankbar und genügsam zu sein und wir wissen: Damit sind wir nicht allein (...) wir sind nicht allein mit unseren Erlebnissen, Gefühlen und Ängsten, auch, wenn die Gesellschaft versucht, uns das weiszumachen."[94]

Der Initiative geht es darum zu zeigen, dass Menschen mit Behinderungen der Mehrheitsgesellschaft keine Dankbarkeit schuldig sind, sondern Menschenrechte wie alle anderen haben. Sie thematisieren den vierfachen Mord an Menschen mit Behinderungen durch eine Pflegerin im April 2021. Die Tat im deutschen Potsdam steht für viele Menschen mit Behinderungen symbolisch für die Gefahr, in die sie viele Einrichtungen bringen.[95] Die Gruppe hat ein Buch herausgegeben, das ausschließlich von Menschen mit Behinderungen und vor allem für Menschen mit Behinderungen gemacht ist. Der Titel: *Angry Cripples.* Die Initiative Angry Cripples eignet sich bewusst Wut an und fordert Menschen mit Behinderungen auf, sich Wut zuzugestehen.

Das ist vor allem deshalb wichtig, weil Menschen mit Behinderungen ständig ihre Menschenrechte abgesprochen werden: Sie wohnen oft in einem Kontext, in dem sie sich selber nicht aussuchen dürfen, wer sie wäscht und ihnen aufs Klo hilft. Sie arbeiten oft in Werkstätten, in denen sie unter dem Mindestlohn verdienen. Sie dürfen in Deutschland erst seit 2019 uneingeschränkt wählen[96], auch in Österreich ist die Wahlbeteiligung niedriger als bei Menschen ohne Behinderungen.[97] Der Hauptgrund: fehlende Informationen. Die Wut ist deshalb so wichtig: Sie macht klar, dass es in den Forderungen der Behindertenrechtsbewegung nicht um eine Wohltat geht, sondern um Rechte. Wut alleine ist noch keine politische Strategie, aber sie kann ein Ausgangspunkt sein. Wut bringt Klarheit. Wütende Menschen bitten nicht, sie fordern.

So war das auch zum Beginn der #MeToo-Bewegung ab 2017. Hunderte Schauspieler*innen posteten über Belästigung und Gewalt, die ihnen meist im beruflichen Kontext geschah. Daraus wurde eine globale, soziale Bewegung, die ein Ende von Belästigung forderte. Der Hashtag #MeToo wurde dabei schon 2006 von der Aktivistin Tarana Burke ins Leben gerufen, die so ursprünglich auf die sexualisierte Gewalt, die PoC-Frauen traf, aufmerksam machen wollte. Tausende Frauen erzählten in den sozialen Medien ihre Geschichte. Und Strukturen änderten sich: Mächtige Männer wurden nach jahrelangem Schweigen zur Verantwortung gezogen.

Der berühmte Produzent Harvey Weinstein wurde wegen Vergewaltigung und sexualisierter Gewalt zu 23 Jahren Haft verurteilt. Eine der wichtigsten Zeug*innen war Schauspielerin Jessica Mann. Sie ist eine der Frauen, für deren Vergewaltigung Weinstein schuldig gesprochen wurde. Jessica Manns Fall zeigt, wie Scham und Wut zusammenhängen. Vor Gericht beschreibt sie, dass ihr und vielen anderen Frauen unterstellt werde, sie hätten sich mehr wehren müssen: „voices like myself repeatedly stress the confusion this response caused, for not having a bodily response that fought back." Dass man sie habe glauben lassen, sie hätte sich besser verteidigen müssen, habe bei ihr unter anderem zu Scham geführt. Auch deshalb hat sie so lange geschwiegen über das, was passiert war.[98]

Nach Weinsteins Verurteilung unterstützte Mann den Versuch, Consent im US-amerikanischen Gesetz zu definieren und mit einem Gesetzesentwurf zu verankern – bisher ohne Erfolg.[99] Weinsteins Fall ist nur ein Beispiel dafür, wie Menschen in Machtpositionen Gewalt ausüben. Wütende Frauen wie Jessica Mann, die sich nicht länger schämen möchten, können ihnen gefährlich werden.

Wenn wir aufhören, uns zu schämen, wie es Jessica Mann und die Schauspieler*innen 2017 taten, werden wir oft wütend. Wütend darauf, dass wir nicht sicher waren. Darauf, dass wir uns so lange geschämt haben.

Wut hilft zu sehen, wo wir uns nicht schämen, sondern beschämt werden. Sie macht uns mutig – und wenn wir gerade etwas unbedingt brauchen, dann mutige Menschen.

Ich habe erklärt:
Wut kann uns helfen, Veränderung anzustoßen.
Sie kann deshalb sehr nützlich sein.
Ich gebe dafür Beispiele wie die Initiative
Angry Cripples oder die #MeToo-Bewegung.
Dabei beziehe ich mich vor allem auf Audre Lorde und
Myisha Cherry.

Angst sehen lernen

Ich erkläre:
Ich mochte meine Angst lange nicht.
Ich hatte das Gefühl, sie hält mich zurück.
Angst hilft, dass wir in Systemen bleiben,
die nicht gut für uns sind.
Jetzt glaube ich:
Manchmal will mich meine Angst beschützen.

Angst kommt uneingeladen und ohne Vorwarnung. Angst nimmt mich und trägt mich in einen anderen Raum. Sie macht eine Feier mit Freund*innen zu einem verschwommenen Raum, der mich heimlich hasst. Sie macht jeden Menschen gefährlich. Sie macht Dunkelheit unsicher. Sie macht meinen Bauch hässlich. Sie macht mein Gesicht fahl und mich nicht liebenswert.

Ich versuche, meinen Frieden mit der Angst zu schließen, aber es geht nicht. Angst kommt viel zu plötzlich. Angst springt in meinem Körper, ich kann sie nicht greifen, halten, ansehen, verstehen. Sie wirft mich herum. Sie macht mich klein und unsicher, sie macht mich müde und still.

Dass Angst sich so anfühlen kann, gibt ihr eine bestimmte Position als politisches Gefühl: „Fear works to contain some bodies such that they take up less space", schreibt die feministische Theoretikerin Sara Ahmed.[100] Ich habe viele Jahre zugelassen, dass mir das passiert, dass die Angst meinen Körper klein macht. Ich hatte Angst vor mir. Vor einer neuen Kleidungsgröße, vor wilden Frisuren, vor

Essen, dessen Nahrungsgehalt ich nicht feststellen konnte. Aber auch vor Hunden, vor fremden Menschen in der U-Bahn, davor, nachts alleine nachhause zu gehen.

Diese Angst war nicht zufällig, sie war politisch hergestellt. Damit setzt sich das Kollektiv LasTesis auseinander. Die Grundannahme ihres Manifests *Verbrennt eure Angst* ist: Angst kann politisch gewollt sein. Das Patriarchat will, dass wir nachts Angst auf dem Nachhauseweg haben, es will, dass wir uns dick fühlen, es will, dass wir glauben, wir sind alleine mit diesen Erfahrungen. Die Angst, die mit diesen Erfahrungen zusammenhängt, hält uns dort, wo wir sind. Schwarze Menschen müssen sich zum Beispiel vor rassistischer (Polizei-)Gewalt fürchten, jüdische Menschen vor antisemitischen Angriffen, Arbeiter*innen, die sich für bessere Bedingungen engagieren, vor Kündigungen, politisch aktive Menschen zunehmend vor Verfolgung.[101]

Natürlich ist Angst nicht nur ein Gefühl, das uns lähmt, sondern vor allem eines, das uns schützt – darum geht es mir aber nicht. Es geht mir nicht um jede Form von Angst, sondern darum, wie Angst politisch genutzt wird und wie sie Herrschaft aufrechterhält.

Diskriminierung und Gewalt machen zu Recht Angst. Deshalb hält uns die Angst vor diesen (potentiellen) Gefahren dort, wo wir sind. „Fear is concerned with preservation", schreibt Ahmed[102]. Angst möchte uns beschützen. Und zwar sowohl vor realer als auch vor potentieller Gefahr. Im Englischen wird oft die Unterscheidung zwischen *anxiety* und *fear* vorgenommen – demnach hat *fear* ein Objekt, während *anxiety* diffus ist. Ahmed kritisiert dieses Modell und argumentiert, dass *fear* sich vor allem durch eine zeitliche Dimension von *anxiety* unterscheide: *fear* tritt dann auf, wenn es um ein zukünftiges Objekt der Angst gibt.

Ich verwende Angst in diesem Kapitel eher als Synonym mit *fear*. Denn auch diese Angst ist nicht nur Antwort auf Gefahr oder Gewalt, sondern auch auf die Möglichkeit von Gewalt. Ich habe nachts auf der Straße nicht deswegen Angst, weil schon etwas passiert wäre, das diese Angst tatsächlich rechtfertigt. Ich habe Angst, weil etwas passieren *könnte*.

Angst, so Ahmed, ist nicht allein Ergebnis der Gefahren: „The language of fear intensifies the threat."[103] Weil wir darüber sprechen, welche Gefahren es gibt, werden diese Gefahren in unserem Bewusstsein größer.[104] Das hat natürlich eine Berechtigung und kann ein guter Schutz sein, wenn wir uns über reale Gefahren austauschen. Gleichzeitig verstärkt das aber auch Gefahren, die wir uns eher vorstellen, als dass sie real eintreten.

Zum Beispiel die Bedrohung von Frauen im öffentlichen Raum: Menschen, die als Frauen aufwachsen, lernen, dass sie abends besser nicht alleine nachhause gehen. Natürlich erleben Frauen Gewalt im öffentlichen Raum. Aber die ständige Betonung dieser Gefahr konstruiert das Zuhause als „sicher" und als angemessenen Ort für die Frau. Dabei wird eine andere Art von Gewalt unsichtbar: jene, die in Familien und in Partner*innenschaften stattfindet. Diese Gewalt ist aber viel lebensbedrohlicher für Frauen:

Die allermeisten Personen, die Opfer von Femiziden werden, werden von Partnern oder engen Verwandten getötet.[105] Sie werden nicht von den Menschen getötet, die ihnen auf der Straße „auflauern", sondern von denen, die mitunter besorgt zuhause auf sie warten oder nach einem Date fragen, ob sie gut angekommen sind. Wir sollten Mädchen also nicht nur beibringen, wie sie sich in der Öffentlichkeit sicher halten, sondern auch, das Verhalten von gewalttätigen Männern zu erkennen.

Die Angst, sich alleine in der Öffentlichkeit zu bewegen, regelt den Zugang von Menschen, die als Frauen aufwachsen, zum öffentlichen Raum: Weibliche Körper erhalten ihre Weiblichkeit auch dadurch, dass sie verletzlich sind, so Ahmed.[106] Es gibt dabei keine direkte Korrelation zwischen Angst und Verletzlichkeit. Wer am verletzlichsten ist, fürchtet sich nicht am meisten. Unsere Angst findet nicht vor allem an den Orten statt, die real gefährlich sind, sondern an denen, die wir als gefährlich erlernt haben.

Dieser Widerspruch betrifft nicht vor allem FLINTA: Ahmed beschreibt unter anderem, wie Diskurse rund um Terrorismus dazu geführt haben, dass ganze Nationen Angst vor Terroristen haben und dabei an eine nicht-weiße Person denken. Dabei sind gerade rassifizierte Menschen, die die abstrakte Furcht vor dem Terror oft trifft, von Gewalt betroffen.[107]

Im Juni 2024 wurde in Wien ein Schwarzer 16-Jähriger von zwei Polizeibeamt*innen zu Boden gedrückt und in Handschellen gelegt. Er hatte spielerisch mit seinen Freunden gerangelt. Von dem Vorfall kursierte ein Video auf Social Media, Black Voices Austria forderte die lückenlose Aufklärung des Falles. Für viele steht er dafür, wie unverhältnismäßig die Polizei auf harmloses Verhalten reagiert, wenn es von PoC-Personen kommt.[108]

Vorfälle wie diese sind kein Zufall und keine Seltenheit: Polizeigewalt ist ein weltweites Problem. Dem österreichischen Verein ZARA (Verein Zivilcourage und Anti-Rassismus-Arbeit) wurden 2023 rund 1.200 Fälle von Rassismus gemeldet – einer von zehn dieser Fälle betrifft rassistische Polizeigewalt.[109] Die deutsche Polizeistudie MEGAVO ergab unter anderem, dass 21 Prozent der über 50.000 befragten Polizist*innen der Aussage zustimmen: „Die meisten Asylbewerber kommen nur hierher, um das Sozialsystem auszunutzen."[110]

Vor 25 Jahren sorgte der Tod von Marcus Omofuma für einen Aufschrei: Der Mann stirbt während seiner versuchten Abschiebung am 1. Mai 1999. Da er laut Polizei versucht habe, sich zu wehren und zu fliehen, wurde er an den Flugzeugsitz gefesselt und geknebelt. Nach einer halben Stunde erstickt er. Die Beamt*innen wurden wegen fahrlässiger Tötung verurteilt. Omofuma ist in Österreich kein Einzelfall, auch wenn es keine Statistik zu allen Fällen gibt.[111] In Deutschland zählt die Initiative Death in Custody seit 1990 263 Fälle von PoC, die in Polizeigewahrsam gestorben sind.[112]

Diese Zahlen zeigen: Das Versprechen, von der Polizei geschützt zu werden, gilt nur für ganz bestimmte Menschen. Für Schwarze Menschen, migrantisch gelesene Menschen und PoC gilt es nicht.

Sie lernen, Angst im öffentlichen Raum haben zu müssen. Sie lernen, dass Dinge, die für *weiße* Menschen ganz gewöhnlich sind, für sie gefährlich sind. Dass dieser Raum nicht ihrer ist.

Angst verortet unsere Körper im sozialen Raum: „Fear works to align bodily and social space", schreibt Ahmed.[113] Angst weist uns eine Rolle, wie wir uns durch die Gesellschaft bewegen, zu. Durch diese Regulation werden Räume zu Territorien – in denen manche Körper Bewegungsrechte haben und andere nicht. Queere Körper, rassifizierte und feminine Körper verlieren ihre Bewegungsrechte. Räume werden aufgeteilt und bleiben manchen Körpern verschlossen.[114]

2023 gab es laut der österreichischen Antisemitismus-Meldestelle 1.520 antisemitische Vorfälle – viele davon ereigneten sich im öffentlichen Raum. In 24 bekannten Fällen wurde eine Person physisch angegriffen.[115] In Deutschland gab es im selben Jahr 4.782 gemeldete Fälle von Antisemitismus und 121 physische Angriffe.[116] Für jüdische Menschen ist der öffentliche Raum also nicht sicher, denn er ist ein Ort, an dem ihnen Antisemitismus widerfährt. Sie machen damit eine ganz andere Erfahrung, wenn sie über eine Straße gehen, in einer städtischen Bibliothek sitzen oder einen Kaffee trinken als jemand, der keinen Antisemitismus erlebt: Sie wissen, dass sie nicht sicher sind.

Ähnliche Erfahrungen machen auch alle Menschen, die nicht cis sind. Zum Beispiel, wenn sie eine Toilette verwenden möchten: Personen, die keine Männer oder Frauen sind, müssen sich entscheiden. Transpersonen müssen in eine Kategorie passen, und wenn sie das scheinbar nicht tun, kann das gefährliche Konsequenzen haben. Queere Menschen sind öfter von Gewalt betroffen: 17% der Transpersonen und 22% der Intersexpersonen in der EU wurden in den letzten fünf Jahren vor einer 2020 durchgeführten Umfrage körperlich oder sexuell angegriffen. In vielen Fällen spielt dabei die Identität eine Rolle und die Gewalt geschieht an Orten, die den Betroffenen eben diese Identität verneinen.[117] Eine 2019 veröffentlichte US-amerikanische Studie untersuchte Gewalt gegen Transjugendliche: Rund 25% hatten sexualisierte Gewalt erlebt. In Schulen mit nach Geschlechtern getrennten Toiletten waren es noch mehr Jugendliche mit Gewalterfahrungen: 36% gaben an, sexualisierte Gewalt erlebt zu haben.[118] Das Beispiel zeigt, wie banal die Frage nach den Territorien beginnt und an wie vielen Orten Angst unsere Bewegungsfreiheit einschränkt.

Wenn wir Angst haben, will ein Teil von uns, dass alles bleibt, wie es ist. Es geht dann darum, dass wir bleiben, wer wir sind, aber auch die Welt um uns herum: „what is" oder „life as we know it". Ich glaube, diese Art von Angst ist autoritär. Veränderung macht Angst, denn wir haben gelernt, dass die herrschenden Machtverhältnisse natürlich und gut sind. Unsere Angst davor, dass sich etwas an ihnen ändert, ist erlernt.[119] Alva Gotby beschreibt, dass Gefühle aus der Interaktion von Subjekt und Gesellschaft entstehen. Sie verorten das Subjekt im Sozialen. Und damit eben auch die geltenden Machtverhältnisse. Wir denken nicht nur, dass sie gut sind. Wir fühlen es auch. Wir halten unsere Angst vor Veränderung für wichtig, für angemessen. Aber nicht immer stimmt das.[120]

Diese Form von Angst hält uns in der Position machtloser Subjekte. Das gilt vor allem für Menschen, die als Frauen leben. Dabei sind wir das schon lange nicht mehr. Eva von Redecker beschreibt diese angebliche Machtlosigkeit als „Phantombesitz": Männer verhalten sich immer noch so, als würden ihnen die Körper von Frauen gehören. Auch wenn das real schon lange nicht mehr so ist.[121] Angst ist ein wichtiger Grund, warum wir das weiter zulassen. Frauen sind „raised to fear", zum Angst haben erzogen, schreibt Audre Lorde. Wir lehnen uns nicht gegen Ungerechtigkeiten auf, weil wir Angst haben, etwas zu verlieren: unser Leben, Menschen, die uns lieb sind, das, was wir kennen. Doch wir können uns sehr wohl wehren. „Women are in fact not powerless", schreibt Audre Lorde.[122]

Angst und Veränderung stehen sich also gegenüber: Einerseits verwendet das System die Angst derer, die gerade nicht unterdrückt werden, um Veränderung aufzuhalten, andererseits hält Angst Menschen oft in marginalisierter Position.

Angst zu verbrennen, wie es das feministische Kollektiv LasTesis fordert, bedeutet, sich gegen diese Autorität zu stellen. Das war lange auch ein Ziel von mir. Furchtlos werden. Sich weigern zu akzeptieren, dass man ein machtloses Subjekt ist. Sich klarzumachen, dass unsere Körper uns gehören und dass wir für Veränderung kämpfen können. Ich glaube, diese Konfrontation mit der eigenen Angst müssen alle Menschen machen, wenn sie Teil von Veränderung sein wollen. Je mehr Marginalisierung eine Person erfährt, desto weniger bleibt ihr dabei eine Wahl. Für Menschen, die viel Unterdrückung erfahren, ist es fast selbstverständlich, sich der eigenen Angst zu stellen. Sie sind deshalb nicht weniger mutig. Im Gegenteil: Sie brauchen ihren Mut täglich. Ich brauche ihn seltener. Aber dennoch:

Ich wollte nicht länger diese kleine Frau sein, die sich im Dunklen fürchtet und sich nicht alleine nachhause traut. Also habe ich gelernt, meine Angst zu überwinden. Ich habe begonnen, Dinge zu machen, obwohl ich Angst vor ihnen habe. Ich sage Menschen, wie gerne ich sie mag. Ich nehme an Protesten teil. Ich sage Nein, wenn ein Mann mich auf der Straße auffordert zu lächeln.

Ich glaube, darin bin ich mittlerweile gut: Ich trage ein bauchfreies Oberteil, gerade weil ich mich kaum traue. Ich gehe in großen Schritten alleine nachhause. Ich spreche eine fremde Person an. Es fällt mir leicht, mutig zu sein. Ich bin gut darin, meine Angst schnell loszuwerden. Ich kann mir gut zureden, ich kann sie sanft ansehen, ich kann sie halten und tragen. Mein Körper wird groß und er bleibt mir.

Ich habe erklärt:
Menschen, die strukturelle Gewalt erleben, lernen,
auf eine bestimmte Art Angst zu haben.
Diese Angst hilft, dass alles bleibt, wie es ist.
Deshalb nenne ich diese Art von Angst autoritär.
Ich beschreibe, dass sie zum Beispiel rassifizierte und
Transpersonen betrifft.

Ich verwende dazu die Gedanken von Sara Ahmed, dem Kollektiv LasTesis und Audre Lorde.

Ein Monster werden

Ich erkläre:
Angst kann uns zurückhalten.
Aber sie kann auch wichtig sein.
Ich versuche mich mit einer Art Angst anzufreunden.

Ich stehe in meinem Zimmer, ein Vormittag im August. Es ist schon heiß und beide Fenster sind geöffnet. Ich kann hören, wie zwei Männer auf der Straße miteinander sprechen. Ich strecke meine beiden Arme vor mir aus. Ich falte meine Hände an die Brust, mein Körper folgt der Bewegung, ich lasse sie größer werden, irgendwann wiege ich mich.

Ich versuche, meine Angst zu fühlen. Ich versuche zu spüren, wie sie durch meinen Körper springt, mir grellrot und dann dunkelgrün vorkommt, wie sie mich schüttelt, wie sie mich nicht stillsitzen und nicht schlafen lässt, wie ich müde und nervös aufwache.

Ich versuche, sie auszuhalten. Ich glaube, dass die Angst mir Vieles geben kann und dass ich neben der Angst, die mich zurückhält, noch eine andere Angst erfahren kann. Ich habe sie lange kaum beachtet.

Bei Angst geht es immer auch darum, die Verletzbarkeit des eigenen Körpers anzuerkennen: „Fear involves reading the bodies‘ openness as dangerous, as leading to a future of pain or injury", schreibt

Ahmed.[123] Natürlich ist das unangenehm: Unsere Körper können und werden in Zukunft Schmerz und Verletzung erleben. Aber so sehr wir das verdrängen wollen, so sehr stimmt es: Die Möglichkeit für Verletzung besteht. Statt uns die ganze Zeit vor allem, was gefährlich scheint, zu fürchten, können wir uns – zumindest ein Stück weit – darauf einlassen. Denn wenn wir uns aus den bestehenden Ordnungen herauswagen (möchten), macht das erst einmal Angst. Sowohl uns selbst als auch anderen Menschen.

Der spanische Philosoph Paul Preciado hat einen Weg für sich gefunden: Er bezeichnet sich selbst als Monster. Er ziehe es vor, ein Monster statt eines Mannes oder einer Frau zu sein, denn dieser Zustand sei wie ein Schritt in eine Leere, in eine andere Welt: „The monster is one who lives in transition." Der Körper eines Monsters, das Verhalten, das Gesicht, nichts davon ist schon bekannt, schreibt Precadio. Diesen Gedanken entwickelt er 2019 in einer Rede mit dem Titel *Can the monster speak?*.[124] Darin spricht der Transmann an einer französischen Universität für Psychologie über seine Erfahrung außerhalb der Geschlechter-Binarität. Preciado bezeichnet sich selbst als Dissidenten, als Verräter der Geschlechterordnung. Er sagt: Mein Leben außerhalb des Regimes von Geschlechter-Binarität ist viel großartiger als alles, das man mir als Belohnung versprechen könnte, wenn ich der Norm entspreche.[125]

Die Angst vor dem Neuen lässt sich nicht einfach überwinden. Aber vielleicht ist das auch gar nicht nötig. Denn statt uns zurückzuhalten, kann sie uns in die genau richtige Richtung ziehen: Preciado zitiert am Beginn des Buches Victor Hugo: „What am I doing here? I have come to terrorize you! I am a monster, you say? No! I am the people! I am an exception? No! I am the rule; you are the exception! You are the chimera; I am the reality!"[126]

Es ist gewöhnlich, außerhalb der „Normalität“ zu existieren. Und statt die Angst davor, das zu tun, loswerden und überwinden zu wollen, können wir sie annehmen. Wir können sie zu einem Teil unserer Identität machen. Ich denke das so: Natürlich habe ich Angst, wenn ich ein Leben außerhalb der bisherigen gesellschaftlichen Ordnung beginne – vor mir selbst und diesem Leben. Aber genau diese Angst kann mir auch dabei helfen, herauszufinden, was ich mir wünsche, wie ich leben möchte.

Angst ist nicht nur etwas, das uns zurückhält, im Gegenteil: Unsere Angst genau zu betrachten, kann uns zeigen, wonach wir uns sehnen – und diese Sehnsucht kann richtungsweisend für neue Verhältnisse sein.

Ich glaube, meine Angst sorgt sich sehr um mich. Sie fürchtet, dass meine Freund*innen mich hassen. Sie fürchtet, dass mein Körper mir entgleist und fremd wird. Dass ich meine Freiheit aufgeben muss, wenn jemand Nähe mit mir will. Dass ich alleine bleibe. Dass ich nicht geliebt werde, wie ich es mir wünsche. Dass ich unverstanden bin. Sie fürchtet, dass ich auf einer dunklen Straße sterbe oder von einem Hund zerfleischt werde. Sie weckt mich um vier Uhr nachts, weil sie vermutet, dass ich tödlich krank bin.

Meine Angst sehnt sich nach Verhältnissen, in denen es mir gut geht. Sie will, dass ich sicher bin und geliebt werde. Sie will mir das Beste – auch wenn sie manchmal merkwürdige Wege vorschlägt. Sie nervt vielleicht und sie hält mich zurück, aber sie ist ein Zeichen dafür, wie wichtig ich mir bin. Dass ich mich liebe.

Ich habe erklärt:
Die Angst, die versucht, uns dort zu halten, wo wir in der Gesellschaft stehen, wollte ich lange loswerden.
Aber ich glaube, dass auch diese Art von Angst gut für uns sein kann.
Ich nenne dazu die Idee von Paul Preciado. Er ist ein Transmann und sagt:
Ihr findet, dass ich ein Monster bin.
Und ich bin lieber ein Monster, als zu eurer Norm zu gehören.
Diesen Gedanken mag ich. Und ich mag meine Angst.
Sie sorgt sich um mich.

Lust braucht Verletzbarkeit

Ich erkläre:
FLINTA erleben sehr viel sexualisierte Gewalt.
Also Gewalt, die sexuelle Handlungen verwendet.
Deshalb müssen viele das Nein-Sagen lernen.
Das ist wichtig, damit wir Lust fühlen können.
Wir müssen wissen, was wir wollen und was nicht.
Aber das reicht nicht.

Ich bin 25 Jahre alt, als ich meinen ersten Vibrator kaufe. Ich sehe ihn zufällig in einer Drogerie. Ein paar Tage später höre ich *süß lächelnd* von Bipolar Feminin, während ich ihn an der Kasse bezahle. „Ich töte euch alle, ich bring euch alle um", lautet der Refrain, und natürlich denke ich an das Patriarchat (Pathos kann ich). Selten hat sich etwas so Kleines so aufregend angefühlt. Jetzt besitze ich auch einen sogenannten Druckwellenvibrator. Viele meiner Freund*innen und Menschen im Internet erzählen, wie „life-changing" er sei. Ein paar Tage später ist sicher: Ich stimme zu.

Trotzdem habe ich viele Jahre gebraucht, bis ich einen gekauft habe. Viele Jahre, in denen ich regelmäßig und gerne Sex mit anderen Menschen hatte. Trotzdem: Ich fand die Vorstellung, Sexualität nur für mich zu leben, absurd und bedrohlich. Die Frage, was ich gut finde, ganz alleine, ohne dass ein Mann zusieht, ohne dass jemand davon weiß, war für mich einfach nicht zu beantworten. Allein sie zu stellen, machte mir Angst.

Das ist nur auf den ersten Blick eine Überraschung: Sex war für mich lange nicht mit Lust, sondern mit Gefahr verknüpft. Ich habe ausführlich von der Wahrscheinlichkeit einer Vergewaltigung gehört, bevor man mit mir über Sex gesprochen hat. In der Schule war ich im Selbstverteidigungskurs, ein Polizist erklärte uns, wie wir einen unbekannten Angreifer abwehren können und riet uns, uns auf unseren Körper zu übergeben, um eine Vergewaltigung zu verhindern. Im Biologieunterricht mussten wir (kichernd) alle „männlichen" und „weiblichen" Geschlechtsteile beschriften. Wir haben gelernt, dass es sexuell übertragbare Erkrankungen gibt und Kondome auf Ton-Penisse gezogen. Sex war Thema in meiner Erziehung. Aber: Es ging um Verhütung, Krankheit und Gewalt. Sex war vor allem gefährlich.

Ich bin froh, dass mir (hetero) Verhütung erklärt wurde. Dass ich gelernt habe, wie ich mich verteidige. Dass ich wusste, was eine Klitoris und ein Schwellkörper sind. Aber oft denke ich an die Liste der Dinge, die wir nicht gelernt haben: Dass die Geschlechtsteile jeder Person anders aussehen. Dass es nicht nur Männer und Frauen gibt. Dass es queeren Sex gibt. Dass es viele Möglichkeiten gibt, wie Sex Spaß macht.

Ich habe also gelernt, was Sex ist, aber nicht, was ich wissen muss, um Sex zu haben. Und vor allem nicht, was ich wissen muss, um *guten* Sex zu haben.

Nein sagen können

Natürlich wollte uns niemand guten Sex unmöglich machen. Man wollte – und hat – uns zu starken Frauen erzogen. Zu wehrhaften jungen Menschen, die nicht mit fünfzehn ungewollt schwanger oder wehrlos im Park vergewaltigt werden.

Dabei wurde oft vergessen, dass Sex nicht nur das Risiko von Schwangerschaft oder Gewalterfahrung birgt, sondern allem voran die Möglichkeit, Intensität zu erfahren. Sich lebendig, verbunden und geliebt zu fühlen.

Uns wurde klar gemacht, dass wir Nein zu Sex sagen, aber nicht, wie wir Ja dazu sagen können. Katharine Angel beschreibt das in *Tomorrow Sex will be Good again:* Seit #MeToo sei der Diskurs stark auf Consent, auf das Ja- und das Nein-Sagen fokussiert. Die Lust von Menschen, die als Frauen aufwachsen, wird dabei aber immer noch massiv tabuisiert. Vor allem die Sexualität von Frauen wird „constrained and policed", schreibt Angel. „Saying no (...) is difficult. But so too is saying yes; so too is expressing desire." Wir sind noch lange nicht an dem Punkt, der Menschen, die als Frauen aufwachsen, wirkliche Freiheit gibt, um ihre Sexualität auszuleben.[127]

Mehr noch: Jede dritte Frau in Österreich erlebt laut einer 2021 durchgeführten Studie sexuelle Gewalt. 27,7 Prozent der befragten Frauen berichteten in einer anderen Studie, vor dem 16. Lebensjahr sexuelle Übergriffe erlebt zu haben. Noch mehr sind Transpersonen, Sex-Arbeiter*innen und Frauen mit Behinderungen betroffen.[128] Fest steht: Für Menschen, die als Frauen aufwachsen oder leben, ist die Verbindung von Sex, Lust und Gefahr ein Fakt.

Besonders tabuisiert wird die Lust von FLINTA, die besonders oft von Gewalt betroffen sind: Frauen mit Behinderungen beispielsweise machen zwei bis drei Mal so oft Gewalterfahrungen wie Frauen ohne Behinderungen. Zu Trans-, Inter- und nichtbinären Menschen mit Behinderungen gibt es keine Daten.

Diese hohe Betroffenheit von Gewalt hängt mit unterschiedlichen Ungerechtigkeiten zusammen: Frauen mit Behinderungen leben oft in Institutionen, in denen sie häufig Gewalt ausgesetzt werden. Sie haben weniger Möglichkeiten, sich Hilfe zu suchen, denn die ist oft nicht barrierefrei: Viele Frauenhäuser können nicht von Rollstuhlfahrer*innen genutzt werden, noch weniger Angebote für Gewaltbetroffene haben Möglichkeiten, in Gebärdensprache oder Einfacher Sprache zu begleiten. Es fehlt an Aufklärung über Sexualität und sexualisierte Gewalt.

Einen Grund beschreibt meine Kollegin Leonie Schüler in ihrem Text *Berührt werden.* Menschen mit Behinderungen wird Sexualität abgesprochen: „Viele glauben, dass ich als Frau mit Beeinträchtigung keinen Sex habe. Menschen mit Behinderungen haben aber genauso Lust auf Sex wie andere Menschen," schreibt Schüler. Sie müsse immer wieder darum kämpfen, als Person mit Sexualität wahrgenommen zu werden: „In meine Wohnung kommen immer wieder Pflege-Schüler*innen. Sie sehen bei der Pflege zu. So lernen sie ihren Beruf.

Für mich heißt das: Ich kann mir nicht aussuchen, wer in meine Wohnung kommt. Ich kann mir nicht aussuchen, wer mich auszieht. Oder wer mir beim Duschen hilft. Ich werde oft berührt. Von vielen verschiedenen Menschen.“[129]

Für Menschen wie Schüler ist nicht als sexuell wahrgenommen zu werden der gewaltvolle Teil. Einfach nackt berührt zu werden, ohne dass der Kontext sexuell sein darf. Für andere ist es, ständig sexualisiert zu werden. Nicht berührt zu werden, ohne dass der Kontext sexuell sein kann. Es sind zwei Seiten derselben Form von Unterdrückung: Menschen, die als Frauen leben, und ihre Körper werden Teil der Lust, die Männer an ihnen empfinden können oder eben nicht, unterworfen.

Sexualisierte Gewalt ist eine nahezu alltägliche Erfahrung der meisten Menschen, die als Frauen oder gender-queer gelesen werden. Im Kontrast zu dieser Alltäglichkeit wird über sexualisierte Gewalt gesprochen, als sei sie selten: Mithu Sanyal beschreibt das in ihrem Buch *Vergewaltigungen*. Sie rekonstruiert: Jahrzehntelang haben Feminist*innen darum gekämpft, Vergewaltigungen als Verbrechen anzuerkennen. Das hat dazu geführt, dass auf eine sehr bestimmte Art über sie gesprochen wird: als ultimatives Verbrechen, das eine Person zum Zerbrechen bringen muss. Ein Angriff auf das Innerste. Und auch wenn das für manche Betroffene (mich eingeschlossen) so sein mag, ist es bestimmt nicht die einzige Erfahrung mit sexualisierter Gewalt. Sanyal argumentiert für mehr Raum für unterschiedliche Geschichten.[130] Sexualisierte Gewalt bringt nicht nur „gebrochene Frauen“ hervor, dafür geschieht sie uns viel zu oft. Sie bringt eine Vielzahl an Reaktionen hervor.

Auch wenn wir davon sprechen, „unsere Körper zurückzuholen“ (was ich selber oft tue), werden wir Teil dieses Diskurses. Wir machen unsere Körper damit zu etwas, das man uns durch eine Vergewaltigung nehmen kann und die Vergewaltigung damit zu einem Angriff auf unser Innerstes.

Im Kontrast dazu ist vor allem die österreichische Rechtsprechung weit davon entfernt, FLINTA vor diesem angeblichen „Angriff auf ihr Innerstes“ zu schützen: Im österreichischen Recht gilt eine Vergewaltigung nur als Vergewaltigung, wenn physische Gewalt (über die sexualisierte hinaus) oder Freiheitsentzug angedroht oder angewendet wird.[131] Nein zu sagen, zählt nicht. Laut der Istanbul-Konvention, einem Abkommen des Europarats zur Bekämpfung von Gewalt gegen Frauen, ist jede Handlung zu bestrafen, die das „nicht einverständliche, sexuell bestimmte vaginale, anale oder orale Eindringen in den Körper einer anderen Person mit einem Körperteil oder Gegenstand“ beinhaltet.[132] Diese Definition von sexualisierter Gewalt stellt immer noch Penetration in den Mittelpunkt. Penetration meint das Eindringen in einen anderen Körper mit einem Penis, Gegenstand oder anderen Körperteil. Sie ist damit weit entfernt von dem Zugang, den ich für wünschenswert halte. Dennoch: Viele europäische Länder passen seit der Ratifizierung der Konvention ihr Recht an. Das führt zu Verbesserungen für FLINTA. In Deutschland ist eine Vergewaltigung zum Beispiel seit 2016 strafbar, wenn „gegen den erkennbaren Willen“ einer Person gehandelt wird. Nein heißt nein – in Österreich gilt das nicht.[133]

Die Rechtsprechung ist also weit entfernt von der feministischen Forderung „yes means yes“. Diese Forderung bedeutet, dass nur ein klares Zustimmen zu einer Erfahrung Ja heißt. Gerade gilt es implizit als Zustimmung, dass man sich nicht stark genug gewehrt hat. Die Psychoanalytikerin und Autorin Katherine Angel beschreibt, wie die Art, über Sex und Consent zu sprechen, Frauen stark adressiert und sie auffordert, sich und ihre Bedürfnisse kennen und artikulieren zu lernen. Uns wird gelehrt, dass uns die intensive Beschäftigung mit unseren sexuellen Bedürfnissen gegen Missbrauch und Gewalt schützt. Wenn wir wissen, was wir wollen. Und das stimmt. Doch, so Angel: „But women's sexuality should not have to be immune to abuse in order for women not to be abused.“ Wir müssen aufhören, uns so sehr darauf zu verlassen, dass Menschen Nein sagen und lernen, besser zuzuhören. Das gilt vor allem für Männer. Denn während Nein sagen zu lernen ein wichtiger Schritt ist, hat es auch einen Nachteil: Wie wir über Sex sprechen, zielt darauf ab, Frauen unverwundbar zu machen. Doch ist das einer der Punkte, um die es bei Sex geht: Verletzbarkeit.[134]

Ich habe schon über Verletzbarkeit als Fähigkeit geschrieben: Im Unterschied zur Verletzlichkeit ist Verletzbarkeit eine Kompetenz, ein Potential. Sich verletzbar zu machen, kann eine aktive Entscheidung sein. Ich würde im Anschluss an Angel und Schneider argumentieren, dass die Entscheidung, sich verletzbar zu machen, notwendig ist, um Lust zu empfinden – und gerade von FLINTA gelernt werden *muss*. Ich glaube: nach der Scham und der Wut kommt die Lust.

Dass Frauen und Menschen, die als Frauen aufwachsen, Sex haben können und wollen, dass sie dabei nicht nur gute Ehefrauen, Freund*innen oder Aufrisse für Männer sind, ist für mich also ein relativ neuer Gedanke.

Dass ich so lange nicht masturbieren wollte und konnte, hängt damit zusammen, dass auch ich meine Lust als relational empfunden habe. Dass sie lange dadurch entstand, dass mich ein Mann schön, wertvoll, erregend fand – nicht so sehr dadurch, dass ich vielleicht eine Person oder Situation so empfand. Das ist mir aus heutiger Perspektive peinlich (da wären wir wieder bei der Scham), aber ich bin damit nicht alleine: Die Lust von Frauen wird in unserer Kultur stark relational gedacht. Das wird zum Beispiel daran deutlich, dass die Bezeichnung Vulva viel weniger verbreitet ist als Vagina, auch wenn meistens von den äußeren Geschlechtsmerkmalen die Rede ist. Dafür wäre Vulva die korrekte Bezeichnung. Vagina bedeutet wörtlich Scheide und kommt von einer Scheide, in die man ein Schwert steckt. Was macht man mit einer Scheide ohne Schwert, fragt Mithu Sanyal in ihrer Kulturgeschichte der Vulva.[135]

Auch das Wort, das wir oft verwenden, um Geschlechtsverkehr zu beschreiben, deutet darauf hin: Penetration. Der Penis penetriert die Vagina, das ist das Bild von Sex, das den allermeisten von uns beigebracht wurde. Natürlich geht es aber auch anders. Die Autorin Bini Adamczak schlägt vor, „Penetration“ und penetrativen Sex mit „Circlusion“ zu ersetzen: Penetration bedeutet, etwas *in* etwas zu stecken. Der penetrierende Teil ist aktiv. Circlusion bedeutet wörtlich „umschließen“ oder „überstülpen“, etwas *auf* etwas anderes schieben. Der umschließende Teil ist dabei aktiv.[136]

Noch weniger als die Vulva werden Geschlechtsteile besprochen, die von der Scheide-Schwert-Logik abweichen. Äußerliche „Geschlechtsangleichungen“ bei Kindern und Babys waren lange medizinische Praxis, auch wenn es dafür keinen Grund über das Aussehen der Geschlechtsteile hinaus gab. Solche Operationen können für die betroffenen Kinder lebenslange Folgen haben. 2021 verbietet der Deutsche Bundesrat deshalb solche Operationen.[137] In Österreich befindet sich ein ähnliches Gesetz in Bearbeitung.[138] Kinder können in Österreich weiterhin Operationen unterzogen werden, nur um einer Norm zu entsprechen.

Wir lernen von klein auf, dass es wichtig ist, dass Geschlechtsteile und damit Menschen als Männer oder Frauen identifiziert werden können. Geschlechtsteile und Menschen, die von dieser Norm abweichen, sind bedrohlich für die Logik der Penetration. Dass Menschen außerhalb der Geschlechternorm und Menschen mit Vulva Sex haben, Sex wollen, Sex genießen, ist ein erkämpfter Gedanke.

Sich selber zu wollen, sich die Lust ins eigene Bett ganz alleine zu holen, ist also eine große Sache. Der Druckwellenvibrator aus der Drogerie ist deshalb noch lange keine Revolution, aber eine Einladung, sich die Lust zu holen, wann man sie haben will – und damit mehr Spaß zu haben als mit irgendeinem Mann.

Ich habe erklärt:
Menschen, die als Frauen aufwachsen, lernen, dass Sex gefährlich ist.
Und dass sie sehr gut Nein sagen lernen müssen.
Um das zu erklären, verwende ich Gedanken von Leonie Schüler, Mithu Sanyal und Katherine Angel.
Ich erkläre außerdem, dass Menschen, die als Frauen aufwachsen, oft lernen, dass Sex viel damit zu tun hat, anderen zu gefallen.
Viele nehmen ihre Lust deshalb sehr abhängig von anderen Menschen wahr. Das zu ändern, ist wichtig.
Ich stelle dazu eine Idee von Bini Adamczak vor.
Sie schlägt vor, neue Wörter für Sex zu verwenden, in denen der aktive Part bei der Person mit Vulva liegt.

Ja sagen: sich in den Zweifel trauen

Ich erkläre:
Damit wir frei Lust fühlen können,
müssen wir sicher sein.
Wirklich Lust können wir erst dann fühlen,
wenn wir uns so sicher sind, dass wir uns ein Vielleicht erlauben.
Das geht für mich vor allem mit FLINTA-Personen.

Meine Freundin Isabel und ich sitzen seit über einer Stunde an meinem Esstisch und zeigen uns Bilder von ähnlichen, aber leicht unterschiedlichen

Frisuren. Isabel wird mir die Haare schneiden. Wir besprechen, wie meine Haare aussehen sollen. Irgendwann sage ich: „Ich vertraue dir, du kannst machen, was du willst.“ Und Isabel sagt: „Ich will aber, dass du bekommst, was du willst.“

Isabel sagt das ganz sanft. Sie verlangt mir keinen Enthusiasmus ab, um sich sicher zu sein, dass sie das Richtige macht. Sie öffnet einen Raum, in dem ich zu meinem Ja finden kann. Ohne schon wissen zu müssen, was ich will. Sie möchte, dass ich Nein, vielleicht, doch nicht und dann irgendwann Ja sagen kann. Ich glaube, solche Räume sind selten. Auch deshalb hat es sich sehr radikal angefühlt, mit Isabel an diesem Tisch zu sitzen und zu merken, wie sie geduldig auf mein Ja wartet.

Lust entsteht auch dann, wenn wir uns auf etwas einlassen, dessen wir uns nicht sicher sind. Das beschreibt Katherine Angel so: Um guten Sex zu haben, brauchen wir die Möglichkeit, Unbekanntes zu erleben: „We have to explore the unknown.“ Es geht bei Lust also nicht nur darum, klar Ja oder Nein zu etwas sagen zu können. Im Gegenteil: Es geht um den Zweifel. Es geht darum, sich nicht sicher zu sein. Voraussetzung für diese Verletzbarkeit sind Räume, die sich so sicher anfühlen, dass ich mich in den Zweifel traue.[139] Isabel hat mir beim Haare schneiden so einen Raum geschaffen, und vielleicht liebe ich auch deshalb meine Haare so. Weil ich zu ihnen Ja sagen durfte, ohne mir sicher zu sein. Weil ich mich in den Zweifel trauen konnte, weil ich mir so sicher war, dass sie nur mein Bestes im Sinn hat.

Frisuren sind natürlich nicht der einzige oder wichtigste Ort, an dem das gilt. Einige Monate vor dem Haarschnitt hatte ich zum ersten Mal Sex mit einer Frau. Wie viele Menschen, die als Frauen aufgewachsen sind und mit allen Geschlechtern Sex haben wollen, hatte ich erst lange, nachdem ich Sex mit Männern hatte, Sex mit FLINTA.

Für mich hat sich queer sein lange nicht wichtig angefühlt. Ich dachte, so anders kann es nicht sein, sich in einen Mann oder eine Frau oder eine Person mit einem anderen Geschlecht zu verlieben. Das glaube ich noch immer – aber ich weiß jetzt auch, dass queer zu leben alles ändert.

Queerness fühlt sich an wie ein neuer Raum in meinem Kopf, in dem ich plötzlich ich bin. In meiner Queerness komme ich mir näher, als ich mir je erträumt hätte. Aber Queerness ist nicht nur schön und frei und lustvoll, sie ist auch eine Erfahrung, die zu Unterdrückung und Diskriminierung führt. Wenn ich mit einer Frau, die ich date, auf der Straße unterwegs bin, wird uns nachgerufen, ob wir Sex miteinander haben. Wir werden angestarrt, sexualisiert, belächelt. Ich könnte lange darüber schreiben, wo meine Queerness schmerzt.

Aber sie hat mir auch etwas geschenkt. Seit ich queer lebe, fühle ich mich im besten Sinne ordnungslos. Mich überrascht, wie wenig es in queeren Begegnungen um Macht geht. Mich fordert, dass es wenige festgeschriebene (Geschlechter-)Rollen gibt. Mich schockiert, wie sehr ich früher doch in ihnen gelebt habe. Ich genieße den Raum neu zu erproben, wie ich Menschen begegnen möchte.

„Wir werden nie wissen, wie unser Begehren außerhalb von Unterdrückung, Ausgrenzung und

Gewalt aussehen würde, und doch können wir es manchmal erahnen", schreibt Evan Tepest in *Power Bottom*.[140] Romantische und sexuelle Erfahrungen mit FLINTA fühlen sich für mich an wie diese Ahnung. Weil ich nicht gelernt habe, ihre Körper zu wollen, weil ich nicht gelernt habe, jemand zu sein, den FLINTA begehren. Weil ich es doch will und weil ich es doch bin. Mein Begehren fühlt sich so klar an. Ich weiß, wie ich berühren und berührt werden will. Ich weiß, was ich fühlen will und wie ich mich fallen lasse. Das ist keine Kleinigkeit.

Eigentlich ist es kein Wunder, dass ich Angst vor dem Masturbieren hatte. Denn wirklich Lust auf etwas zu haben, das *ist* bedrohlich. Lust gesteht Dingen oder Menschen zu, einem eine Freude zu sein. Und das gehört für mich zu den intimsten Zugeständnissen: Jemanden zu wollen.

In dieser Verletzbarkeit geht es natürlich um Sex. Aber nicht nur. Es geht auch um einen Morgen im Bett, mit einer Kaffeetasse und einem Buch, die Sonne scheint auf die Bettdecke, der Tag geht langsam los. Ein langes Gespräch bei vier Getränken in einem Gastgarten. Ein großer Teller Pesto-Nudeln. Zwei Kugeln Eis. Nicht nachhause gehen, obwohl es gerade vernünftig wäre. Sich fallen lassen, in einen Menschen oder einen Moment.

Das ist natürlich schwer möglich in einer Gesellschaft, die ein Nein so wenig ernst nimmt, dass sie ein Ja braucht, um sich sicher zu sein. Vielleicht liegt deshalb diese süße Freiheit im queeren Sex. Denn das Patriarchat lässt uns nicht in Ruhe, wenn wir lieben. Im Gegenteil: Das Patriarchat regelt das Intime: Es bestimmt mit, wie und in wen wir uns verlieben. Es bestimmt mit, wie und mit wem wir Sex haben. Es beeinflusst, wer wir miteinander sein wollen – auch deshalb ist es so gefährlich. Frauen erleben Gewalt am häufigsten an dem Ort, an dem sie leben, und von Menschen, die ihnen nahestehen.[141] Wenn wir von Liebe sprechen, sprechen wir allzu oft von Macht. Wenn wir von Sicherheit sprechen, meinen wir allzu oft Schweigen. Wir sind nicht sicher im Patriarchat. Wir sind nicht frei.

Das Patriarchat ist natürlich auch da, wenn zwei FLINTA Sex haben. Aber es spielt eine andere Rolle. Ein Teil von mir, der sich immer um Männer sorgt, wird still. Ich traue mich mit großer Selbstverständlichkeit in die Verletzbarkeit.

Ich lerne langsam, wie es ist, gesehen zu werden, weil ich mich langsam traue, mich zu zeigen.
Zu tragen, was ich will. Zu lieben, wen ich will.

Ich bemerke: Ich hatte viele Jahre Angst, gesehen zu werden, weil ich von Männern gesehen wurde. Der Blick von Männern bedeutet immer auch Gefahr. Menschen, die als Frauen aufwachsen, lernen, dass ihr Ziel sein sollte, von Männern begehrt zu werden. Und natürlich wollte ich das. Natürlich will ich das. Aber es ist immer gefährlich.

Um frei Ja sagen zu können, muss sich zeigen und gesehen werden für alle zu einer lustvollen Erfahrung werden. Dazu brauchen wir Beziehungen, die Vertrauen leicht machen. Wir brauchen Gemeinschaften, in denen unser Ja so bedingungslos zählt, dass ein Vielleicht zur Option wird.

Diese Art von Ja erfordert radikale Veränderung. Es geht darum, die Kontrolle aufgeben zu können. In einer Welt, in der das eigene Zuhause für eine Frau der gefährlichste Ort ist, fühlt sich die Idee, wir könnten uns wirklich fallen lassen, absurd an – jedenfalls wenn es um Intimität zwischen (cis-)Männern und (cis-)Frauen geht. Das Intime muss sicher für alle Menschen werden.

Ich träume von Gemeinschaften, die ein „vielleicht" für alle möglich machen. In denen wir freier Ja sagen können. Zu einem Haarschnitt, zu einem gemeinsamen Leben – und allem dazwischen.

Ich habe erklärt:
Sex haben hat sich für mich sehr verändert,
seit ich queer lebe.
Dazu erkläre ich einen Gedanken von Katherine Angel:
Es geht bei Sex nicht nur darum, Ja und Nein zu
sagen. Sondern auch darum, dem Gegenüber so
vertrauen zu können, dass man sich nicht immer
sicher sein muss.
Damit das für alle geht, muss das Intime sicher
werden – vor allem für FLINTA.

Institutionen sind keine Gefühle

Ich erkläre:
Es gibt Gefühle, über die wir kaum reden.
Stattdessen sprechen wir über die Institution, mit der sie zu tun haben.
Institutionen sind Einrichtungen oder Organisationen, die unser Zusammenleben organisieren.
Sie sorgen dafür, dass wir denken, es gibt richtige und falsche Gefühle.
Aber das sind sie nicht.
Das ist ein Problem.

Es ist ein früher Morgen, als ich das erste Mal an der Trafik vorbeigehe, ich bemerke sie erst ein paar Schritte zu spät, bleibe stehen, denke kurz nach, dann verstehe ich, was ich gesehen habe, und gehe zurück. Vor der schmalen Tür stehen Kerzen, das Foto einer Frau hängt an der Wand. Ich kenne sie aus der Zeitung: Nadine W. Hier ist es passiert, denke ich.

Nadine W. war die Besitzerin einer Trafik an der Nußdorferstraße in Wien, um die Ecke von der Uni, an der ich lange studiert habe. 2021 wurde sie von ihrem Ex-Partner ermordet. Er schloss sie in der Trafik ein und zündete sie an. Nadine verbrannte. Ihre Cousine schrieb über sie: „Nichts liegt mir ferner, als Nadine W. als Opfer zu begreifen. Bis

zuletzt hat sie um ihr Leben gekämpft."[142] Mit Nadine haben wir eine Geschäftsfrau verloren, eine Tochter, Schwester, Cousine, einen Menschen. Eine von uns.
Ich habe Nadines Geschichte das erste Mal auf einer Demo gehört. Nachdem eine Rednerin von ihrem Fall gesprochen hatte, rief die Menge: „Man tötet nicht aus Liebe! Stoppt Femizide!"

Die Journalistin Yvonne Widler schildert Nadines Fall in ihrem Buch *Heimat bist du toter Töchter* und erklärt, warum er nicht „nur" ein Mord ist, sondern ein Femizid: Nadine wurde ermordet, weil sie eine Frau ist. Bei Femiziden, erklärt Widler, geht es vor allem um Besitzansprüche. Männer denken, sie haben ein Recht auf die Frauen, die mit ihnen verwandt oder zusammen sind. Wenn diese sich dann nicht entsprechend verhalten, verteidigen sie diesen Besitzanspruch – bis hin zu der kompletten Zerstörung ihrer Körper und Leben. Männer glauben, dass ihnen Frauen gehören, wie Autos oder Häuser. Deshalb könne man alles mit ihnen machen. „Man kann sie also auch töten."[143]

Frauen sind vor allem dann von männlicher Gewalt, die eskaliert, bedroht, wenn sie versuchen, sich von ihrem Partner zu trennen oder der Familie zu distanzieren. Männer sagen dann oft, sie haben nicht anders gekonnt, sie wären blind vor Leidenschaft oder Liebe gewesen. „Liebe macht blind", sagte auch Nadines Ex-Partner während der Verhandlung zur Richterin.

Nadines Geschichte ist eine von vielen, die für mich wichtig geworden sind, um zu verstehen, warum „emotionales Handeln" einen schlechten

Ruf hat. Wir verwenden Gefühle und Emotionen, noch dazu vor allem eine, die Liebe, um Gewalt zu rechtfertigen.

Ich habe bisher über Gefühle, die ich als widerständig verstehe, geschrieben. Über Scham, über Wut, über Angst, über Lust. Ich habe darüber nachgedacht, wie Gefühle uns helfen können, für Veränderung einzustehen. Ich habe von Angst, Wut, Scham und Lust erzählt, weil diese Gefühle für mich wichtig waren, um das Gefühl von Autonomie über meinen Körper zu spüren.

Aber natürlich sind Gefühle nicht nur hilfreich oder wichtig. Sie können Menschen nicht nur Autonomie über ihre Körper geben, sondern sie ihnen auch nehmen. Gefühle lösen Impulse aus, die anstrengend, absurd und im schlimmsten Fall zerstörerisch sein können – das zeigt der Mord an Nadine.

Gefühle sind keine Gedanken, keine Fakten. Gefühle entsprechen nicht immer der Wahrheit, sie lassen sich kaum objektiv vergleichen: Was einen Menschen verletzt oder wütend macht, freut vielleicht jemand anderen. Weil man Angst hat, dass man an einem Spinnenbiss oder Raubüberfall stirbt, ist dieser nicht zwingend eine reale Gefahr. Weil man sich sicher ist, dass alles gut wird, wird es nicht gut. Man kann sich die Realität nicht zurecht fühlen. Eigentlich.

Gefühle kann man auch niemandem absprechen. Sie wirken deshalb oft unveränderbar. Aber weil man Gefühle eben nicht „beweisen“ kann, sind sie eine gute Tarnung für andere Dinge. Ich glaube:

Vor allem deshalb tarnen sich manche Institutionen gerne als Gefühle.

Unter Institutionen verstehe ich Einrichtungen oder Organisationen, die unser Zusammenleben organisieren: Schulen, Krankenhäuser, Gerichte. Aber auch Teile unseres bestehenden Gesellschaftssystems, die wir erst einmal nicht als Institutionen wahrnehmen. Familien zum Beispiel. Sie ordnen unser Zusammenleben. Sie erhalten das System, in dem wir leben. Nicht alle Institutionen tarnen sich als Gefühle. Aber manche derjenigen, die das tun, interessieren mich.

Es gibt Gefühle, über die wir eigentlich kaum sprechen oder nachdenken. Stattdessen sprechen wir über die Institution, mit der sie zu tun haben: Wenn wir sagen, wir sprechen von Liebe, sprechen wir eigentlich von Partner*innenschaften. Wenn wir sagen, wir sprechen von Freiheitsgefühlen, sprechen wir oft von Freiheit als rechtliche Institution. Wir tun dann so, als würden diese vermeintlichen Gefühle eine objektive, große Wahrheit andeuten. Und deshalb sind solche Gefühle ein Problem.

Ich habe erklärt:
Es gibt Gefühle, über die wir kaum reden.
Stattdessen sprechen wir über die Institution, mit der sie zu tun haben.
Zum Beispiel, wenn es um Liebe geht.
Oder um Freiheit.
Deshalb schreibe ich jetzt über diese Gefühle.

Was wir über Liebe lernen

Ich erkläre:
Wir lernen alle sehr viel darüber, wie Liebe angeblich geht.
Aber es gibt viele Arten zu lieben.

Meine Freundin und ich liegen Hand in Hand auf der unteren Matratze eines Stockbetts und weinen, während wir *Jar of Hearts* von Christina Perri hören. „I've learned to live half alive / And now you want me one more time / Who do you think you are? / Runnin', round leaving scars / Collecting your jar of hearts / Tearing love apart", singt Christina, während wir schluchzen.[144]

Ich bin vierzehn und mir sicher, dass nie etwas mehr schmerzen wird, als dass gerade mein Crush in der Schikurs-Disko mit einer anderen schmust. Ich erinnere mich noch heute an den körperlichen Schmerz. Wie ich es fast genossen habe, mich hineinfallen zu lassen in das Verlangen.

Ich war vierzehn und, frei nach *La Boum*, war genau das mein Problem: Ich war vierzehn. Meine Freundin war wegen etwas Ähnlichem traurig. Ich glaube, wegen des besten Freundes meines Crushes. Da lagen wir also mit Balladen, zerronnener Wimpertusche und ohne Hoffnung, dass es uns je besser gehen werde.

Aber wenn ich an diesen Moment zurückdenke, denke ich auch daran, dass es einer der ersten war, in dem ich das Gefühl hatte, verliebt zu sein. Weil ich es so sehr wollte. Weil ich so sehr gelitten habe. Weil mein Unglück so groß und so klar war.

Liebe wird in unserer Gesellschaft oft als Kampf erzählt. Liebe ist, was uns fehlt, um glücklich zu sein, so beschreibt das Alva Gotby in *They Call It Love: The Politics of Emotional Life*. Gotby nennt das „ideology of romance", also Ideologie der Romantik. Diese Ideologie sage uns, dass wir glücklich werden, wenn wir nur die wahre Liebe finden. Liebe ist in den gegenwärtigen Verhältnissen stark auf ganz bestimmte Momente und eine bestimmte Sphäre reduziert: die private. Wir erleben, dass Liebe nur an einigen, wenigen Orten stattfinden darf und dann eine ganz bestimmte Intensität behalten soll.[145]

Şeyda Kurt hat mit ihrem Buch *Radikale Zärtlichkeit* einen modernen Klassiker der Auseinandersetzung mit romantischer Liebe geschrieben. Darin schlägt sie vor, statt über Liebe eher über Zärtlichkeit zu sprechen. Denn Liebe, vor allem romantische, sei ein Mythos: „(V)ielleicht reden wir so gerne über die Liebe oder hören ein einfaches ‚Ich liebe dich', weil es uns entlastet, uns eine Vollkommenheit des absolut Wahren und Schönen und der Zugehörigkeit vorgaukelt, an die ich nicht glaube."[146] Kurt zieht deshalb den Begriff der Zärtlichkeit der Liebe vor, denn es scheint ihr, „dass dem Wort der Zärtlichkeit eine direktere Aufforderung zu Grunde liegt – jene des Zärtlichhandelns". Diese Zärtlichkeit ist „ganz konkret" und „immer von einem Handeln geleitet." Zärtliches Handeln ist der anderen Person zugewandt und will ihr das Beste, so Kurt.[147] Deshalb ist Zärtlichkeit ihr Ausgangspunkt und Ziel.

Was Kurt mit Zärtlichkeit beschreibt, ist für mich das Wesentliche am Lieben: die Notwendigkeit,

Dinge auszuverhandeln. Die andere Person aushalten, warten, fragen, bleiben. Lieben, im Sinne eines zärtlichen Umgangs miteinander, kann ganz unterschiedlich aussehen – für diese Unterschiedlichkeit ist gerade kaum Platz. Das ist ein Problem. Denn ich habe erklärt, dass das Intime sicher werden muss für FLINTA, für alle Menschen. Ich glaube: Ein Grund, warum das gerade nicht passiert, ist die Art, wie wir über Liebe nachdenken und sprechen.

Die romantische Erzählung

Ich erkläre:
Wenn wir von Liebe sprechen, sprechen wir oft auf eine ganz bestimmte Art darüber.
Die ist immer sehr ähnlich,
Das nenne ich die romantische Erzählung.

„Ich weiß nicht, ob ich mich beherrschen kann", sagt Edward. Er steht Bella gegenüber, seine Arme hält er rechts und links von ihrem Kopf. Er schaut ihr tief in die Augen. Bella steht an einen Baum gedrängt und schaut Edward eindringlich an. Edward ist nämlich ein Vampir und dürstet nach dem Blut der 17-jährigen Bella. Edward würde sie gerne töten. Die Szene stammt aus der Film-Reihe *Twilight*, basierend auf vier Romanen.

Mit vierzehn hatte ich eine kurze, aber heftige *Twilight*-Phase, für die ich mich im Nachhinein geschämt habe, bis ich eine Analyse der feministischen Youtuberin Contrapoints gesehen habe. Sie erklärt darin unter anderem, dass *Twilight* ein gutes Beispiel für eine sexuelle Phantasie von Frauen ist. Es geht um Gefahr, um Begehren, um Macht.[148]

In etwa so ließe sich auch *Twilight* zusammenfassen (Achtung, im Folgenden befinden sich massive Spoiler): Edward und Bella sind von Anfang an füreinander bestimmt und das wissen auch alle, aber bis sie zusammen sein können, vergehen fünf Filme oder vier Bücher, mehrere Vampir-Heere müssen besiegt und Bella selbst zum Vampir werden.

Twilight ist für mich ein Beispiel für die Geschichte, die mir beigebracht wurde und wegen der ich auf meinem Schikurs so heftig geweint habe: die romantische Erzählung. Die romantische Erzählung geht so: Zwei Menschen lernen sich kennen. Sie bemerken, da ist etwas zwischen ihnen, das sich kaum erklären lässt. Sie verzehren sich nacheinander. Etwas steht ihnen im Weg. Sie kämpfen, sie scheitern, sie leiden. Sie haben das Problem überwunden. Sie kommen zueinander. Die Erzählung endet.

Die Kulturwissenschaftlerin Anne Carsen beschreibt diese Erzählung in *Eros. The Bittersweet.* Sie setzt sich dabei explizit mit romantischer Liebe und wie wir über sie sprechen auseinander. Eros ist ein griechisches Wort, eines von fünf für Liebe, das die alten Griech*innen nutzen. Es meint ausschließlich romantische Liebe. Carsen beschreibt, dass Eros von der Unmöglichkeit lebe. Eros entsteht, weil man nicht zusammen sein, weil man nicht beieinander sein kann, oder einfach, weil man zwei abgetrennte Menschen ist. Weil man sich immer näher sein will, als man sich sein kann.[149] Am Beispiel von *Twilight:* Edward kann Bella nicht lieben, weil er sie töten will, Bella kann Edward nicht lieben, weil sie weiß, wie gefährlich er für sie ist. Und doch wollen sie sich. Und doch lieben sie sich. Edward und Bella wollen einander auch so sehr, weil die Liebe unmöglich ist.

Die Serie steht für die romantische Erzählung, die Art, wie wir über Liebe nachdenken. Contrapoints erklärt: Edward ist nicht „gefährlich“, er ist ein fiktionaler Charakter, der von einer Frau erdacht wurde, die mit *Twilight* auch eine sexuelle Phantasie abbildet.[150]

Aber Edward und Bella sind zwei Charaktere, die es nicht nur einmal gibt. Es gibt sie – in leicht bis stark abgewandelter Form – in fast jeder Geschichte über die Liebe, mit der ich aufgewachsen bin: In *Notting Hill,* wo sich ein hilfloser Mann in eine unerreichbare Frau verliebt, in *Gilmore Girls,* einer Serie, in der der Protagonist Luke viele Staffeln und Jahre auf seine große Liebe Lorelai wartet. Diese Gleichschaltung ist das Problem: Denn Begehren ist vielfältig.

Die romantische Erzählung versucht, diese Vielfalt zu verallgemeinern. Einen Rahmen zu schaffen, in den unsere Erfahrungen passen (müssen). Damit nimmt sie uns die Chance, selbst herauszufinden, wie wir lieben möchten. Die romantische Erzählung ist nur eine Möglichkeit, über Liebe zu sprechen – und sie sollte nicht die einzige Option sein.

Die romantische Erzählung erhält Liebe als Institution aufrecht. Wenn es darum geht, seine andere Hälfte zu finden, die Person, die uns komplett macht, ist viel erlaubt. Sie sorgt dafür, dass wir es in Ordnung finden, wenn wir alles für Partner*innen aufgeben, ohne zu fragen, was wir wollen. Die romantische Erzählung stellt die Liebe über alles andere. Sie schreibt traditionelle Geschlechterrollen fort. Sie naturalisiert sie. Sie verharmlost Gewalt. Und sie macht es uns schwer zu sehen, wo Liebe überall außerhalb von romantischen Partner*innenschaften stattfindet: in Freund*innenschaften, in Gemeinschaften, zwischen Menschen, die sich kaum kennen, aber gerade zärtlich zueinander sind.

Hinter der vermeintlichen Unmöglichkeit, Liebe zu beschreiben, steckt Kalkül und Gewalt, schreibt Şeyda Kurt.[151] Denn die romantische Erzählung erschwert es nicht nur, dem Gegenüber einfach zu sagen, dass man es liebt, sondern auch zu erklären, was das heißt. Darüber zu sprechen, was man füreinander sein will. Die romantische Erzählung hat ein klares Ziel: Die andere Person „gewinnen" und dadurch ein Paar werden. Auch das, glaube ich, hält uns davon ab, tatsächlich über Liebe nachzudenken.

Ich habe erklärt:
Es gibt viele unterschiedliche Arten,
Menschen zu lieben.
Wenn wir von Liebe sprechen, sprechen wir dennoch meistens von romantischer Liebe.
Das macht viele andere Arten von Liebe schwerer zu erkennen. Und das muss sich ändern.
Um das zu erklären, verwende ich vor allem Gedanken von Alva Gotby und Şeyda Kurt.

Liebe nur als Paar

Ich erkläre:
Die meisten Menschen, die in romantischen Beziehungen leben, leben als Paare.
Wir sagen oft: Wer verliebt ist, will zusammen sein.
Ich erkläre, dass das Paar als Idee viel mit Wirtschaft zu tun hat und nicht nur mit Liebe.

Wenn ich an Liebe denke, denke ich an einen Morgen alleine im Bett. Ich denke daran, Hand in Hand im Wind zu stehen und zu schreien. Ich denke an einen Anruf einer Freundin, die mich fragt, wie es mir geht, ich denke an jemanden, der mir Blumen mitbringt. An den Gruppenchat, in den wir kleine lustige Geschichten aus unserem Alltag schreiben. Aber auch: „Meine Oma ist gerade gestorben. Danke für eure Umarmungen und die Kraft, die ihr mir geschickt habt – ich hab sie sehr gespürt." Ich sehe meinen Bruder, wie er mir über die Straße winkt. Ich sehe meine WG, wie wir in unser rosa-goldenes Karaoke-Mikro singen und lachen, bis unsere Bäuche weh tun. Ich sehe einen Garten auf der Gasse in meinem Viertel. Ich sehe die Suppe meiner Mutter, die Hände der Person, in die ich verliebt bin, den ersten Blick nach dem Aufwachen.

Ich sehe viele Menschen, viele Momente. Ich sehe alle, von denen ich mir sicher bin, dass wir einander das Beste wollen. Aber meistens, wenn wir von Liebe sprechen, sprechen wir vor allem von einer Person: von unserem*r romantischen Partner*in.

Dabei hat das Paar als Organisationsform mehr mit Wirtschaft als mit Gefühlen zu tun. Die Ökonomin Kathi Weeks argumentiert in *The Abolition of the Family*, dass die Familie die wichtigste Institution ist, die Fürsorge-Arbeit in unseren Verhältnissen organisiert.[152] Familien sind einer der wichtigsten Orte, an dem Menschen füreinander da sind. Und dieses Da-Sein ist Arbeit, ich nenne sie Fürsorge-Arbeit. In der Familie wird diese Form von Arbeit zu einer Privatsache. Sie findet damit außerhalb des Marktes statt, in dem Arbeit bezahlt wird, und das, so Weeks und viele andere feministische Ökonom*innen, ist einer der wichtigsten Gründe, warum das kapitalistische System überhaupt funktioniert: Weil die Möglichkeit zu arbeiten dort seinen Ursprung hat. Die Familie sorgt – zumindest in der Idealvorstellung – dafür, dass man stark genug ist für den Alltag. Dass man gegessen und geschlafen hat und sich in der Lage fühlt, in die Arbeit zu fahren. Deshalb bezeichnen feministische Ökonom*innen Familie oft als Ort der Reproduktion – sie sind der Ort, an dem menschliche Ressourcen für den Arbeitsmarkt entstehen: ausgeschlafene, satte Menschen, die produktiv arbeiten können.

Wenn wir von Liebe sprechen, meinen wir daher oft unbezahlte Fürsorge-Arbeit. Wir sprechen selten vom Gefühl „Liebe", dafür oft von der Realität, füreinander da zu sein, von der Arbeit, die damit einher geht – in einer Partner*innenschaft, einer Familie, mit Freund*innen. Arbeiten ist aber nicht fühlen. Auch wenn ein Gefühl – Zuneigung, Zärtlichkeit, Liebe – vielleicht der Grund für die Arbeit sein mag.

Die Arbeit und das Gefühl sind zwei unterschiedliche Dinge.

Fürsorge als Arbeit anzuerkennen ist wichtig, um dieser Arbeit die emotionale Facette zu nehmen, schreibt das Kollektiv LasTesis. „Als handelte es sich bei Liebe um eine Form der Bezahlung“[153] – das, so LasTesis, verschleiere die Ausbeutung, die dem Ganzen zugrunde liegt. Ich mag es, diesen Gedanken auch in die andere Richtung aufzumachen: Liebe ist mehr als etwas, das wir im Tausch für Fürsorge bekommen. Gerade rückt das oft in den Hintergrund, weil unsere Fürsorge so prekär organisiert ist. Das macht es schwer möglich, über Liebe an sich nachzudenken – stattdessen sorgen wir uns oft darum, wer sich um uns kümmert und wie es uns gelingen kann, sich um andere zu kümmern. Das neben der Erwerbsarbeit zu tun, ist eigentlich kaum möglich.

Weeks beschreibt das so: Die Familie bietet emotionale Unterstützung, Rückzug und eine Möglichkeit, Fürsorge zu organisieren. Das ist alles wichtig und gut. Aber diese Organisation hat materielle Konsequenzen, und diese Konsequenzen erfüllen eine Funktion für den (neoliberalen) Kapitalismus. Die Fürsorge-Arbeit in Familien wird nicht entlohnt. Soziale Reproduktion und damit Fürsorge-Arbeit wird zur individuellen Aufgabe, die auf natürliche Weise in der Familie organisiert ist. Wer Teil der Familie ist, wird dadurch bestimmt, wer biologisch mit wem verwandt ist. Somit ist Fürsorge-Arbeit Privatsache. Wir tun also so, als wäre diese Arbeit nicht politisch – dabei ist sie das.[154]

An dieser Stelle sei gesagt, dass ich niemandem seine Familie oder Partner*innenschaft nehmen will. Für viele Menschen bieten ihre Partner*innenschaften schöne Erlebnisse, Halt, Stabilität, Zärtlichkeit. Das ist gut so. Aber der Fakt, dass wir meistens in Paaren leben, hat ökonomische Konsequenzen: Weil unsere Gesellschaft in Familien und anderen Strukturen organisiert ist, die Fürsorge unbezahlt erledigen, ist es möglich, dass Erwerbsarbeit gibt.

Hinzu kommt, dass andere Formen von Liebe, die nicht in der klassischen Familienstruktur organisiert sind, meist keine Möglichkeit haben, zu den Privilegien zu kommen, die Familien genießen.

Erst im Jänner 2024 wurde es in Österreich möglich, dass zwei Frauen, die ein Kind bekommen, gesetzlich gleichgestellt werden. Zuvor hatte die Frau, die nicht schwanger war, das Kind adoptieren müssen – das führte immer wieder zu rechtlichen Problemen. Zwei Frauen hatten vor dem Verfassungsgerichtshof geklagt und Recht bekommen.[155] In Deutschland ist das Anfang 2025 noch nicht möglich.[156] Aber was, wenn mehr als zwei Menschen sich entscheiden, ein Kind als Eltern großzuziehen? Was, wenn drei oder vier Menschen gemeinsam einen Menschen begleiten wollen? Was wenn keiner von ihnen mit dem Kind verwandt ist? Was ist mit all den offenen Konstellationen, mit den Menschen, die vielleicht ein Jahr lang die wichtigste Person im eigenen Leben sind? Was ist mit den Freund*innen, die einen begleiten? Mit dem ganzen Netz an Menschen, die einem das Beste wollen? Warum beschränken wir unsere Liebe so?

Der Fokus auf die Familie löst auch großen Druck auf Familien aus. Viele von uns haben das Gefühl, dass sie der Ort sein müsste, an dem wir uns immer erholen können – auch wenn das gar nicht der Realität entspricht. Ich finde, das ist ein unfairer Anspruch: Unsere Familie besteht aus Menschen, die uns mitunter unser ganzes Leben lang begleiten. Vielleicht sollen sie uns gar nicht immer erholen, sondern zumindest manchmal auch fordern. Dazu ist gerade wenig Raum. Viele bleiben darauf angewiesen, die Familie als Ort der Regeneration zu erhalten.

Aber dieser Druck ist nicht das einzige Problem mit dem Leben im Paar-Modus: Für viele Menschen hängen Paar-Beziehungen auch mit einem Eigentumsanspruch zusammen. Das ist gefährlich – vor allem für Frauen. Im Jahr 2023 wurden in Deutschland 360[157] und in Österreich 26 Frauen in mutmaßlichen Femiziden ermordet.[158] Weltweit waren es 2022 laut einem UN-Bericht 89.000.[159] Diese Frauen werden meist von Männern ermordet, die ihnen nahestehen. Der Grund dafür: Es sind Männer, die das Gefühl haben, diese Frauen und ihre Körper würden ihnen gehören. Intimizide oder Femizide passieren nicht zwischen einem bestimmten Typ Mann und einer bestimmten Art von Frau. Das Muster, das sich immer wiederholt, ist der Eigentumsanspruch des Mannes über die Frau, so Yvonne Widler.[160]

Dürfen wir dann nicht mehr zueinander gehören wollen? Ich glaube, eher braucht es eine neue Art darüber nachzudenken, was oder wer „uns gehört". Eva von Redecker beschreibt, dass wir gerade davon ausgehen, dass mit unserem Besitz alles machen können. Wenn uns etwas gehört, dann dürfen wir damit tun, was immer wir uns wünschen. Wir dürfen es sogar zerstören. Diese Idee von Eigentum lehnt Redecker ab. Stattdessen schlägt sie vor, dass uns gehört, worum wir uns kümmern. Zum Beispiel umeinander.[161] Sich einander zuzuwenden kann uns helfen, neue Verhältnisse zu erkunden.

Şeyda Kurt schreibt in *Radikale Zärtlichkeit:* „Gewalt den Körpern gegenüber sickert in alle Beziehungen. (…) In Beziehungen begegnen und berühren sich Körper, in die sich Spuren der Gewalt eingeschrieben haben."[162] Wir entkommen unseren Erlebnissen nicht. Was uns bleibt, ist, mit ihnen zu arbeiten.

Noch ist das Intime nicht sicher. Aber diese Gefahr gilt als privat, als unpolitisch. Die Gewalt geht dann niemanden etwas an, sie ist „Familiensache". Dabei ist sie ökonomisch und politisch hergestellt, genauso wie die Tatsache, dass wir in Paaren leben.

Vielmehr als dass ich gegen Partner*innenschaften bin, bin ich für mehr Offenheit. Für die Offenheit, die sich zeigt, wenn wir aufhören, über Liebe nur in dieser engen Form nachzudenken. Ich glaube, die Antwort darauf, wie wir lieben wollen, sollte eine unserer wichtigsten Entscheidungen sein. Şeyda Kurt beschreibt das so: „(W)enn ich mir einer Tatsache sicher bin, dann dass wir imstande sind zu erkunden, wie wir einander begegnen wollen. Und diese Angelegenheit ist höchst politisch."[163]

Unsere Partner*innenschaften entscheiden stark mit über die Möglichkeit, ein uns entsprechendes Leben zu führen. Wem wenden wir uns zu, wen lassen wir bei uns sein und für wen sind wir da? Wer darf uns nach Mitternacht anrufen, wer macht samstags Kaffee mit uns, mit wem wachen wir auf? Das sind die großen Fragen. Denn die Antworten darauf bestimmen, wie wahrscheinlich wir Gewalt erleben, wie gesund wir leben, sogar wann wir sterben.

Die Frage, wie ich lieben will, ist die Frage, wie ich leben will.

Ich habe erklärt:
Die meisten Menschen, die sagen, sie lieben einander, leben in Paaren.
Das hat viele Folgen für die Wirtschaft und bestimmt, was als privat gilt.
In Paaren wird Fürsorge-Arbeit privat organisiert.
Das erkläre ich mit den Gedanken von Kathi Weeks.
Paar-Beziehungen sind vor allem für FLINTA gefährlich.
Deshalb ist es wichtig darüber nachzudenken, an welchen Orten außerhalb der Paar-Beziehung wir Liebe erleben.

Liebe außerhalb der Paar-Form

Ich erkläre:
*Liebe findet auch außerhalb von Partner*innenschaften statt.*

*Zum Beispiel zwischen Freund*innen.*
Und Liebe muss nicht nur zwischen zwei Personen stattfinden.
Liebe ist auch, sich für eine Gemeinschaft stark zu machen.

Ich sitze auf dem Küchenboden, mein Gesicht ist geschwollen von Tränen. Es duftet nach Käse-Toast, ich spüre den kühlen Küchenboden an den Schenkeln und sehe die Füße meines Freundes Lennart, der den Toast gerade in der Pfanne wendet.

Zärtlichkeit lässt sich schwer in großen Momenten erzählen. Für mich lässt sie sich vor allem in kleinen messen: Du rufst an, wenn ich schreibe, dass es mir nicht gut geht. Du lädst mich auf ein Getränk ein, wenn es etwas zu feiern gibt. Und wenn es wirklich schlimm ist, dann kommst du vorbei und lässt den Käsetoast knapp nicht anbrennen.

Die Art, auf die ich lieben und leben will, findet nicht nur in sogenannten romantischen Beziehungen statt. Ich träume von einer Form, zärtlich zueinander zu sein, die sich nicht nach Institutionen sehnt.

Das ist gar nicht so leicht. Institutionen geben Sicherheit – zumindest scheinbar –, und natürlich wollen und brauchen wir Sicherheit. Aber wir lieben nicht nur in Partner*innenschaften, sondern zum Beispiel auch in Freund*innenschaften.

Liebe ist dann nicht einfach ein Zustand, den wir erstreben wollen oder sollen. Sie ist eine Praxis. Liebe wird oft als Nomen definiert, dabei täten wir besser daran, Liebe als Verb zu verstehen, als Tätig keit, schreibt die feministische Denkerin bell hooks in dem prägenden Buch *all about love*. Jemanden zu lieben bedeutet, sich in jeder Begegnung wieder für die Person zu entscheiden. Sie zu sehen, zu halten, ihr Bestes zu wollen. Man kann Liebe nicht haben oder geben, man kann sie niemandem nehmen, sie nicht bekommen, man kann Liebe nur praktizieren, so beschreibt das hooks.[164]

Diese Praxis muss zwangsläufig eine vielfältige sein, die sich wandelt, je nachdem, wer sie wann und wo ausübt. Einander zu lieben kann viele unterschiedliche Dinge heißen. Aber diese Vielfalt ist kaum sichtbar – und wenn, dann wird sie hierarchisiert: Die Partnerperson, die Kinder, die Familie kommen in dieser Hierarchie oft zuerst. Ich frage mich, warum das notwendig ist. Ich glaube, Liebe lässt sich nicht gegeneinander aufwiegen.

„Ich glaube an eine Vielfalt der Bedürfnisse und Zärtlichkeiten, die unterdrückt und vereinheitlicht wird“[165], so Kurt. Aber das Ziel kann nicht nur Zärtlichkeit alleine sein, sondern Zärtlichkeit in einer Gleichzeitigkeit mit Radikalität, mit „Fairness im Privaten und Gerechtigkeit im Politischen“[166]. Es geht darum, einen Blick für all die vielen verschiedenen Arten zu entwickeln, auf die wir zärtlich sind.

Ein oft unterschätzter Ort, an dem Zärtlichkeit stattfindet, sind Freund*innenschaften. Alva Gotby schlägt eine „Politik der Freund*innenschaft“ vor. Sie beschreibt, dass queere Menschen oft wenig zwischen erotischen und nicht-erotischen Beziehungen bzw. Familie und Freund*innen hierarchisieren, sondern diese Kategorien als fast gleichwertig verstehen. Für Gotby hat besonders Freund*innenschaft politische Relevanz. Freund*innenschaft ist eine

Praxis der Zärtlichkeit, die im Kapitalismus schwer einzuordnen ist: Sie ist nicht Teil der „privaten", „natürlichen" Familie, aber auch nicht der Erwerbsarbeit. Deshalb eignet sich Freund*innenschaft besonders gut als Ausgangspunkt, um darüber nachzudenken, wie Liebe jenseits der romantischen Partnerschaft oder der Familie aussehen kann.[167]

Liebe hat das Potenzial, zu einer politischen Praxis werden. Die Denkerin und Behindertenrechts-Aktivistin Mia Mingus beschreibt ein Konzept von Liebe, das politisches Engagement und Nähe verbindet: Access Intimacy. „Access" bedeutet auf deutsch „Zugang" und meint damit vor allem Zugang für Menschen mit Behinderungen in vielfachem Sinn: zum Beispiel zu einem Gebäude, aber auch abstrakter zu Teilhabe an der Gesellschaft. Access Intimacy ist das Gefühl, das entsteht, wenn eine andere Person begreift, welche Art von Zugang eine Person mit Behinderungen braucht. Das könne mit fremden Menschen passieren, aber auch über Jahre aufgebaut werden. Access Intimacy kann zwischen Menschen mit und ohne Behinderungen und Menschen mit Behinderungen entstehen.[168]

In einem Vortrag sagt Mingus: Access Intimacy könnte zu einem „tool for liberation", einem Werkzeug der Befreiung werden. Denn Access Intimacy hat nicht nur den Zugang zu einem System, das bestimmte Menschen unterdrückt, im Fokus: Sie wolle nicht einfach dieselben Privilegien wie alle anderen, sagt Mingus, sie wolle das System verändern, so dass es nicht länger Privilegierte und Nicht-Privilegierte gibt.[169]

Mia Mingus entwickelt ein Konzept von Liebe, das über die Beziehung zwischen Privatpersonen hinausgeht. Stattdessen geht es ihr um den Kampf für Gerechtigkeit: „We have to be willing to risk again and again and again. In a violent and oppressive world, the work of love is never done."[170] Lieben bedeutet in diesem Sinn auch, sich der Gewalt entgegenzustellen.

Sich gemeinsam politisch zu organisieren, ist eine ganz bestimmte Form von Zärtlichkeit. Sie erkennt an, dass wir uns wünschen, dass es anders geht. Sie traut uns die Veränderung zu.

Liebe als widerständig zu verstehen, bedeutet auch, sie zu einer aktiven politischen Entscheidung zu machen, zu einem Lebensprinzip. Sie kann ganz andere Formen annehmen als meine Verliebtheit im Schikurs oder die Geschichte von Edward und Bella. Sie kann leise und langsam sein. Sie kann laut und wütend sein. Sie besteht aus vielen kleinen und großen Momenten, privat und politisch. Gemeinsam zu brüllen und zu lachen. Halten und gehalten werden. Pläne schmieden, Träume teilen, Käsetoast essen.

Ich habe erklärt:
Es gibt viele Orte, an denen Liebe stattfindet.
*Dazu sehe ich mir die Ideen unterschiedlicher Denker*innen an.*
bell hooks sagt, dass Liebe eine Praxis ist.
*Alva Gotby sagt, dass in Freund*innenschaften Liebe stattfindet.*
Mia Mingus beschreibt die Art von Liebe, die gemeinsames politisches Handeln einschließt.

Der Unterschied zwischen Freiheit und Luxus

Ich erkläre:
Wenn wir von Freiheit sprechen, reden wir meistens eigentlich von Luxus.
Luxus sind Dinge, die sich schön anfühlen.
Freiheit heißt nicht einfach nur, sich frei zu fühlen.
Freiheit muss für alle gelten.

Die Konferenzhalle kommt mir auf einmal sehr still vor. „That little bit of pain, when you rip the tape off of your mouth. That´s how we feel, that's where we speak from all of the time", sagt der Mann, seine Stimme ist tief und klar. Er zögert nicht.[171] Er steht in der Mitte eines Kreises von Aktivist*innen und Konferenzbesucher*innen.

Der Aktivist, der gerade spricht, ist Teil einer Delegation junger indigener Menschen, die die Welt-Klimakonferenz in Bonn 2017 besuchen. Auf der Konferenz verhandeln Regierungschef*innen über die internationalen Richtlinien zur Klimapolitik. Aber indigene Menschen haben keine demokratische Vertretung in den Verhandlungen. Sie werden nicht von Nationalstaaten repräsentiert. Und das, obwohl sie einen großen Teil der Biodiversität auf der Erde verwalten und von den Folgen der Klimakrise massiv bedroht sind. Darauf machen die Aktivist*innen vor Ort aufmerksam. Heute haben sie eine Aktion organisiert. Ihre Forderung: Pass the mic!, also: Das Mikrofon weitergeben. Die Entscheidungsträger*innen sollen indigenen Menschen zuhören.

Als Teil der Aktion kleben *weiße* Menschen ein Stück Tape über ihre Münder und geben ein Mikro weiter zu den indigenen Menschen, die Teil der Gruppe sind. Ich bin neunzehn Jahre alt und hier, um für klimareporter.in, ein Projekt für junge Medienschaffende, zu berichten. Ich denke bis heute oft an einen Satz des Aktivisten: Wenn er spricht, dann immer aus dem Schmerz heraus, nicht gehört worden zu sein. Aus dem Schmerz, gerade alles zu verlieren. „I live in the ghetto of my country", sagt er. „It's not safe."[172]

Die Klimakrise und die notwendigen Maßnahmen, um ihr entgegenzuwirken, werden oft als Freiheitsthema verhandelt. Wir sprechen von der Gefahr der Einschränkung von Freiheit: kein Tempo-Limit auf Autobahnen, kein Verbot von Fleisch oder Kurzstreckenflügen, kein Aus für fossile Energie.

Wir sprechen von Freiheit, als seien die Freiheit eines Menschen, mit 240 km/h über die Autobahn zu brettern, und die Freiheit eines anderen, saubere Luft zu atmen, ähnlich wichtig. Das stimmt aber nicht. Wenn wir in diesem Kontext von Freiheit sprechen, sprechen wir eigentlich von Luxus: So schnell, wie man will, über die Autobahn zu fahren, ist keine Freiheit, das ist Luxus. In den Urlaub zu fliegen ist keine Freiheit, das ist Luxus. Sich ein Einfamilienhaus am Stadtrand zu bauen, ist keine Freiheit, das ist Luxus.

Es ist nichts falsch daran, Luxus zu wollen. Ich möchte, dass alle Menschen mal in den Urlaub fahren können. Ich möchte, dass alle Menschen genug schöne Kleidung haben, in der sie sich wohl fühlen und Tage erleben, die sich leicht und langsam anfühlen.

Aber wir sprechen viel zu wenig darüber, was Luxus eigentlich ist: Ist es wirklich Luxus, sich kaufen zu können, was man will? Hinzufliegen, wo man will? Anzuziehen, was man will? Mir reicht das nicht. Echten Luxus kann es nur geben, wenn er nicht auf Kosten anderer stattfindet. Wenn mein Luxus nicht bedeuten muss, dass jemand anderer leidet. Darüber sprechen wir aber kaum.

„Your freedom kills me", zitiert Maggie Nelson ein Schild auf einer Demo in der COVID-19-Pandemie. Deine Freiheit tötet mich.[173] Gemeint ist hier aber eigentlich nicht Freiheit, sondern Luxus: Sich während einer Pandemie mit Menschen zu treffen und so zu tun, als wäre alles normal, ist ein Luxus von nicht-behinderten Körpern, die sich diese Rücksichtslosigkeit erlauben können. Wenn wir so tun, als wäre Luxus Freiheit, tötet die Freiheit der einen potenziell die anderen: Wer keine Maske tragen möchte, verantwortet mit, wenn Menschen in der Pandemie sterben. Weil wir unseren CO_2-Ausstoß nicht senken, verantworten wir mit, dass die Klimakrise massive Zerstörung auslöst. Trotzdem argumentieren Menschen für ihr Recht auf diese „Freiheit", auf diesen Luxus.

Ich glaube, das hat mit einem weiteren Missverständnis zu tun: Sich frei zu fühlen bedeutet nicht automatisch, frei zu sein. Oft glauben wir das aber: Wenn ich mich ohne Maske oder im schnellen Auto freier fühle, bin ich das auch. Das stimmt so aber nicht. Freiheit sollten wir nicht nur als Gefühl betrachten, sondern genau diese Freiheitsgefühle hinterfragen und einordnen. Denn wenn wir uns nicht wegen einer Luxuserfahrung frei fühlen, dann oft wegen einer Institution. Freiheit hat dann vor allem mit Rechten und Rahmenbedingungen zu tun, nicht mit dem eigenen Freiheitsgefühl: Auch wenn sich eine Person „in der eigenen Freiheit eingeschränkt" fühlt, weil sie eine Maske tragen muss, hat diese Person mehr Freiheitsrechte als jemand, der nicht in einer Demokratie lebt und keine Maske tragen muss.

Ich glaube, wie frei sich jemand fühlt, sollte deshalb nicht das einzige und bei weitem nicht das wichtigste Kriterium sein, um zu beurteilen, ob jemand frei ist. Es geht darum, unter welchen Umständen jemand lebt, nicht nur darum, wie sich diese Umstände anfühlen. Freiheit ist nicht nur ein Gefühl. Sie ist ein Zustand, der politisch genommen, aber auch hergestellt werden kann. Bei Freiheit geht es um Grundrechte. Und die sind sehr ungleich verteilt.

Während für manche Menschen Luxus möglich ist, werden anderen Grundrechte verwehrt. Im April 2024 verabschiedete die EU eine neue Regelung zur Asylpolitik: Die GEAS Reform. Sie regelt, dass Menschen aus Staaten, die eine geringe Wahrscheinlichkeit haben, Asyl zu erhalten, gar nicht nach Europa einreisen dürfen, sondern in Lagern an den Grenzen interniert werden. Dort findet ein Screening statt, in dem entschieden wird, ob die Person einreisen darf oder zurück in ihr Herkunftsland gehen muss.[174] Die Reform schwächt den Schutz von Menschen, die flüchten müssen, massiv, warnen NGOs.[175] Dennoch: Künftig werden schutzsuchende Menschen, egal woher sie kommen, ohne Verfahren in Lagern an den EU-Außengrenzen interniert. Es geht dabei nicht um Verbrecher*innen, sondern um Menschen, die fliehen müssen. Diese Politik ist mehrheitsfähig.

Die Freiheit flüchtender Menschen, vor allem rassifizierter flüchtender Menschen, ist damit massiv eingeschränkt. Denn ein Grundrecht, jenes auf Asyl, ist seit dieser Reform in Europa noch stärker beschnitten. Dass diese Reform ohne allzu großen öffentlichen Aufschrei hingenommen wird, zeigt, wie tief Rassismus im Denken europäischer Gesellschaften verankert ist. Die Freiheit rassifizierter Menschen wird eingeschränkt, um angeblich die Freiheit der europäischen Bevölkerung zu gewährleisten. Das stimmt nicht. Grundrechte und damit auch Freiheit sind wie Luft, das habe ich schon beschrieben. Sie gelten auch für uns nicht mehr, wenn wir zulassen, dass sie für jemand anderen nicht mehr gelten. Es gibt keine Freiheit, wenn sie nicht für alle gilt.

Freiheit ist eine Richtung, eine Praxis, so beschreibt es Maggie Nelson. Für sie unterscheiden sich Momente der Befreiung von Freiheit selbst. Freiheit ist ein Versuch. Und der, so Nelson, könne nicht enden. Wenn wir Glück haben, schreibt Nelson, nimmt dieser Versuch den Großteil unseres Lebens ein.[176]

Ich habe erklärt:
Wir leben alle nicht frei.
Denn damit wir wirklich frei sind, müssen alle frei sein.
Freiheit kann nur für alle gelten – oder für niemanden.
Maggie Nelson sagt: Freiheit ist eine Richtung,
eine Praxis.
Und eine lebenslange Übung.

Freiheit als Praxis

Ich erkläre:
Freiheit ist Übung.
Also etwas, das man immer wieder macht.
Freiheit bedeutet also, dass man eine erfüllte Zeit verbringt.

Meine Haut kribbelt. Ich meine, jeden Sonnenstrahl auf ihr zu spüren. Es ist April, einer der ersten warmen Tage, ich war gerade schwimmen in der Donau. Das Wasser ist kalt, aber die Luft schon warm und die Sonne wärmt meine Haut langsam auf. Es ist Sonntag. Ich muss nirgendwohin, ich habe nichts mehr vor, nichts zu erledigen. Ich kann einfach in der Sonne liegen.

Dieser Moment war einer der Momente, die mir zuletzt das Gefühl gegeben haben, frei zu sein. Das lag auch daran, dass ich zwar alleine war, aber mich eingebettet in eine Gemeinschaft gefühlt habe: Während ich am Wasser liege, bleiben ein Mann und ein Kind stehen und fragen mich, wie das Wasser ist. Eine Gruppe an Menschen in meinem Alter gratuliert mir lachend.

Philosophin Eva von Redecker argumentiert: Wenn wir über Freiheit sprechen, geht es oft darum, wohin man sich bewegen kann. Aber Freiheit hat auch viel mit freier Zeit zu tun. Es geht nicht nur darum, wohin jemand gehen kann, sondern auch damit, wo wir bleiben können. Deshalb spricht Redecker von „Bleibefreiheit".

Freiheit erleben wir nicht nur auf einer großen Reise oder wenn wir wie manche Celebrities ins Weltall fliegen. Wir erleben sie vor allem, wenn wir die Möglichkeit haben, unsere Tage so zu gestalten, wie wir es wollen. Freiheit ist eine Praxis, die „das Leben voller, die Zeit erfüllter" macht.[177] Es geht also zum Beispiel darum, wie man seine freien Nachmittage verbringt. Ob die Gemeinschaft, in der man lebt, erfüllend ist. Ob man sauberes Wasser trinken und genug essen kann. Es geht um Zeit, die man am Wasser liegend verbringen kann, ohne Angst zu haben, ohne noch etwas erledigen zu müssen.

Ein großes Hindernis dabei ist, dass unsere Zeit, wie Redecker schreibt, „in Herrschaft gebunden" ist. Damit meint sie: Die allermeisten Menschen verbringen den Großteil ihrer Zeit mit Arbeit. Wir haben nur selten die Chance auf einen wirklich „freien" Nachmittag, selbst wenn wir zu den privilegiertesten Menschen gehören. Aber statt darüber zu sprechen, sprechen wir vor allem darüber, dass wir unsere Luxuserfahrungen nicht aufgeben wollen: alles kaufen, überallhin reisen, alles dürfen. Die viel wichtigere Frage, um Freiheit zu erfahren wäre, zu diskutieren, wie wir unsere Zeit verbringen. Um freier zu werden, müssen wir beginnen Verhältnisse zu fordern, die es uns ermöglichen, ein Leben voller „erfüllter Zeit" zu führen.[178] Erfüllte Zeit meint dabei vor allem Zeit, die wir selbst gestalten können.

Unsere Verhältnisse, die von Kolonialismus, Kriegen, kapitalistischer Zerstörung und der ökologischen Krise geprägt sind, machen freie Zeit nur für sehr wenige Menschen möglich. Die meisten erwerbsarbeitenden Menschen haben fünf Wochen Urlaub im Jahr. Aber anstatt darüber zu diskutieren, dass wir unsere Zeit 47 Wochen im Jahr nicht gestalten können, wie wir wollen, gibt es einen Aufschrei, wenn es darum geht, das Fliegen einzuschränken.

Aber Bleibefreiheit, Freiheit im Sinne Redeckers, setzt noch etwas anderes ganz Essenzielles voraus: bleiben *können*, und das „erfordert die Wahrung einer bewohnbaren Welt". Ganze Staaten werden durch die Klimakrise unbewohnbar, vor allem solche, die ohnehin schon marginalisierte Sprecher*innenpositionen haben: kleine Inselstaaten im Pazifik, die durch den steigenden Meeresspiegel bedroht sind, Staaten in Sub-Sahara-Afrika, die durch Hitze und Wasserknappheit in Bedrängnis geraten.[179] In Europa gehen vor allem *weiße* Menschen davon aus, bleiben zu können. In einer Gesellschaft, die ihnen Sicherheit und Wohlstand verspricht, in einem Gebiet, das bewohnbar bleiben wird, auch im Angesicht der Zerstörung. Redeckers Freiheitsbegriff ist kämpferisch, denn er verlangt ein Ende der Zerstörung.

Redecker begreift also wie Maggie Nelson Freiheit als Praxis, die mehr als nur die Abwesenheit von Unterdrückung meint. Grundrechte sind zwar wichtige Schritte, aber nicht der einzige Inhalt dieser Praxis. Es geht um die Entscheidung, wie man sein Leben verbringen möchte. Freiheit ist eine Art regelmäßige Übung darin, die eigene Zeit möglichst erfüllt zu gestalten.

Außerdem ist Freiheit für Redecker nicht etwas, das wir verlieren, sondern etwas, das wir im Laufe unseres Lebens erst bekommen. Redecker argumentiert, dass nicht alle Menschen frei geboren und dann von der Gesellschaft eingeschränkt werden. Im Gegenteil: Erst durch die Gesellschaft, durch Fürsorge werden wir frei: „Zuwendung ist kein Hindernis der Freiheit, sie ist ihre Bedingung."[180]

Maggie Nelson meint: Freiheit lässt sich nicht auf einen Moment herunterbrechen. Momente der Befreiung erinnern uns daran, dass die Bedingungen, unter denen wir leben, nicht so starr sind, wie wir annehmen. Wir können neu beginnen. Freiheit als Praxis beginnt aber sprichwörtlich am Morgen nach der Befreiung. In Verknüpfung mit Redecker lässt diese Praxis sich vielleicht so begreifen: Wir werden alle unfrei geboren und sorgen gemeinsam dafür, dass wir immer mehr und mehr verstehen, was Freiheit eigentlich heißt. Ich finde, das ist eine schöne Aussicht.

Ich habe erklärt:
Freiheit als Richtung heißt, dass wir gemeinsam immer freier werden.
Vor allem drei Dinge machen uns frei:
Dass wir bleiben können, wo wir sind.
Dass wir gehen können, wohin wir wollen.
Dass wir unsere Zeit mit schönen Dingen verbringen dürfen.
Dieses Recht muss für alle gelten – und genau das müssen wir sicherstellen.

„Hold their face in your palms like a prayer,
hold them all night, feel them"

— Kae Tempest, Hold your own

Gefühle & Befreiung

Sicherheit ist die wichtigste Bedingung,
um alles zu fühlen.
Wir müssen also wissen, dass unsere Körper
wirklich uns gehören.
Ich will aber mehr als nur diese Grund-
voraussetzung.
Ich will andere Verhältnisse, die allen guttun.

Deshalb denke ich über Befreiung nach.
Ich glaube, Befreiung liegt immer in der
Gemeinschaft.

Manchmal erschrecke ich vor meinen Gefühlen. Ich bemerke, wie sich Traurigkeit schwer und dunkel in meinem ganzen Körper ausbreitet. Wie müde und ratlos ich werde. Wie es mir schwerer fällt, mir eine Suppe zu kochen oder jemand Fremdes anzulächeln. Ich bemerke, wie meine Wut sich in meinem Bauch zusammenkrault und mich laut und stark machen will. Wie ich losbrülle, lauter, als ich mir zugetraut hätte. Ich bemerke, wie ich nicht denken kann, weil ich mich so freue. Wie alles leicht wird, wie ich mich nicht halten kann und laufen und tanzen muss.

Ich wiege und ich halte mich. Ich brülle und ich schüttle mich. Ich lasse mich gehen. Und doch: Obwohl ich es seit Jahren übe, fällt mir das Fühlen schwer. Nicht: verstehen, was ich fühle. Nicht: wissen, warum. Nicht: negative Gefühle lösen oder beschreiben. Fühlen. Meinen Körper meinen Gefühlen überlassen.

Wenn ich über andere Verhältnisse nachdenke, geht es mir darum, dass es keine kleinen Dinge gibt. Ich glaube, dass auch kleine Momente uns zeigen, ob wir sicher sind: Wie wir eine Tasse an unsere Lippen heben. Wie wir morgens aufwachen. Was wir als erstes sehen. Wen wir wie halten. Das sind alles keine Kleinigkeiten. Das ist, worum es geht.

Damit wir das alles tun und fühlen können, brauchen wir Sicherheit. Wir müssen erleben, dass unsere Körper unsere sind. Dass es meine Lippen sind, die den warmen Kaffee spüren, dass es meine Hände sind, die beim Waschen nass und warm und dann kalt werden, dass es meine Haut ist, die deine berührt. Dass ich das alles verwenden darf, um in der Welt zu sein.

Ich glaube, dass mir das schwerfällt, hängt mit Erfahrungen zusammen: Ich erfahre wieder und wieder, dass mein Körper vor allem mein Arbeitsgerät ist. Er gefährdet mich, weil ihn Männer bemerken. Er bringt mir Vorteile, weil er *weiß* ist, weil er gefällt, weil er klein genug ist, weil er vermessen und bewertet wird und weil mich diese Vermessung und Bewertung, soweit das geht, sicher hält. Aber ich weiß, dass sich diese Bewertung ändern könnte, wenn ich zehn Kilo zunehme, alt werde oder eine chronische Krankheit oder Behinderungen erwerbe.

Die Verhältnisse, die ich mir wünsche, gibt es noch nicht. Unsere Körper sind Gefahren ausgesetzt. Ich glaube, um das zu ändern, braucht es eine gemeinsame Bewegung in ihre Richtung. Dafür verwende ich das Wort Befreiung. Anders gesagt: Die Voraussetzung, um alles zu fühlen, ist Sicherheit. Die wichtigste Praxis, in der sich alles fühlen lässt, ist Befreiung.

Ich habe dabei einen ganz bestimmten Blick auf diese Fragen: Ich lebe als cis-Frau, ich bin nichtbehindert, ich bin *weiß*, ich komme aus einer sehr privilegierten Familie in einem sehr reichen Land. Ich habe bestimmte Dinge gelesen, viele nicht, ich kenne manche Beispiele, andere nicht.

Für mich sind Momente der Befreiung immer gemeinsame Momente, Momente des Gehalten-Werdens. Befreiung ist die Grundvoraussetzung für Freiheit als Praxis. Freiheit ist dann etwas, das wir uns miteinander aneignen. Gemeinsam können wir besser verstehen, was Freiheit heißt. Gemeinschaften sind deshalb sowohl Voraussetzung für als auch Orte der Befreiung.

„Let's celebrate dependency. Let´s hold each other in our weakness", heißt es im Film *Notes from the Underlands* der Künstlerin Romy Alice Walden.[181] Das Ziel ist es nicht, ganz zu sein und alles zu können, sondern stolz darauf zu sein, dass wir es nicht sind. Darauf, dass wir einander brauchen. Deshalb schreibe ich in diesem letzten Teil über Gemeinschaft als Befreiungspraxis.

Beziehungen pflegen

Ich erkläre:
Beziehungen brauchen Arbeit.
Eine Möglichkeit dafür ist Accountability,
also Verantwortlichkeit.
Wir sind verantwortlich für alles, das wir tun.
Ich glaube, wir können das als Befreiungspraxis sehen.

Mein erster Sauna-Besuch ist ein Geburtstagsgeschenk von zwei meiner ältesten Freund*innen. Wir verbringen einen Dezembersonntag in der Therme. Wir sitzen, wir reden, wir liegen. Wir essen Schwimmbad-Salate und Pommes. Wir bekommen ein Salz-Peeling. Wir nehmen Videos von uns in Bademänteln auf.

Nachher im Bett ist mein ganzer Körper müde und ich bin sehr glücklich. Anna und Laura haben den ganzen Nachmittag geplant. Sie haben Snacks mitgebracht und einen Bademantel für mich. Die beiden haben sich so richtig um mich gekümmert. Ich fühle mich geliebt.

Ich wundere mich darüber, wie einfach dieses Gefühl entstehen kann, wie einfach es ist, füreinander da zu sein. Einmal einen gemeinsamen Abend planen, ein Konzert besuchen, ein Wochenende wegfahren oder einen Sonntag in der Sauna verbringen. Einmal kichern bis der Bauch weh tut und man ist sich so nah. Gerade in langen Freund*innenschaften fühlt sich das besonders an.

Ich wundere mich nämlich umgekehrt, an welchen banalen Themen ganze Beziehungen zerbrechen: Man schafft es nicht, sich regelmäßig zu sehen. Man schreibt sich irgendwann nur noch zu Geburtstagen. Man entfernt sich von seinen Freund*innen schleichend. Denn Beziehungen brauchen jemanden, der zum Beispiel vorschlägt gemeinsam zu kochen oder sich komische Kurzfilme, die man nicht versteht, anzusehen.

Gemeinsame Zeit und gemeinsame Erfahrungen zu organisieren ist Fürsorge-Arbeit. Fürsorge ist eine wesentliche Möglichkeit, unsere Gemeinschaft zu stärken. Denn es gibt einen Unterschied zwischen Liebe und Beziehung. Gefühle und Arbeit sind etwas anderes – und Fürsorge ist Arbeit.

Dabei geht es nicht nur um das Organisieren. Alle Beziehungen brauchen viele unterschiedliche Arten von Fürsorge. Eine, die mich gerade besonders interessiert, ist *Accountability*. Accountability bedeutet, jemanden für sein Handeln zur Verantwortung zu ziehen. Das Konzept kommt aus der „Transformative Justice"-Bewegung, die sich mit Sicherheit auseinandersetzt. Accountability, ich schreibe auf Deutsch Verantwortlichkeit, ist eine der wichtigsten Strategien, mit Gewalt umzugehen und ihr vorzubeugen.

Wenn wir versuchen, über Verantwortung zu sprechen, macht das oft Angst, schreibt Mia Mingus. Mingus arbeitet zu Disability Rights und transformativer Gerechtigkeit. Für Mingus heißt das, dass wir Verantwortung möglichst umfassend wahrnehmen sollten. Sie fragt, was wäre, wenn unsere Verantwortlichkeit nichts wäre, vor dem wir weglaufen würden, sondern etwas, das wir uns wünschen: „What if we cherished opportunities to take accountability as precious opportunities to practice liberation?"[182]

Mingus ist Teil des Projektes SOIL, das versucht, den Boden für transformative Gerechtigkeit zu schaffen. Ein Teil ihrer Arbeit fokussiert auf sogenannte Pods. Pods sind bestimmte Arten von Beziehungen und Netzwerke, die helfen, mit Gewalt umzugehen, sie zu verhindern und aufzuarbeiten. Ein lokaler Pod ist zum Beispiel das Netzwerk an Menschen in der Nähe von einer Person, das für sie da ist – wenn die Person krank ist oder jemanden braucht, der sie zu einem Termin bringt. Ein anderes Beispiel ist ein Accountability Pod, also eine Gruppe an Menschen, die hilft, die Konsequenzen des eigenen Handelns anzuerkennen. Ein Accountability Pod hilft für sich einzustehen, wenn man Unrecht erlebt, und unterstützt zuzugeben, wenn das Unrecht vielleicht von einem selbst ausging.[183] Das Konzept der Pods hilft vor allem, die Strukturen um sich herum zu sehen und besser nutzen zu können. Denn nicht nur staatliche Institutionen können versuchen, Gerechtigkeit (wieder) herzustellen, auch informelle, fluide Strukturen können das.

Ich glaube, Verantwortlichkeit ist eine große Chance, sich nah zu sein. Jemandem zu sagen: Was du gestern gesagt hast, hat mich verletzt, bitte mach das nicht mehr. Ich habe das Gefühl, du planst nie ein Treffen, bitte mach einen Vorschlag. Ich fühle mich manchmal nicht wertgeschätzt, weil du mich nie nach meiner Meinung zu deiner Arbeit fragst.

Beziehungen sind fragile Konstrukte. Deshalb ist es so wichtig, kleine Dinge auszusprechen.

Verantwortlichkeit ist aber auch eine Möglichkeit, sich gegenseitig sicher zu halten, und das ganz ohne eine Institution wie die Polizei. Um genau diese Aufgabe zu erfüllen, gibt es viele Projekte, die Gemeinschaften stärken. Sie entstehen vor allem dort, wo das Justizsystem Menschen nicht sicher hält. Zum Beispiel in migrantischen und Gemeinschaften von rassifizierten Menschen oder bei sexualisierter Gewalt.

Viele FLINTA wissen: Die Polizei schützt uns nicht, wenn wir sexualisierte Gewalt erleben. Als ich siebzehn war, wurde ich vergewaltigt, doch laut österreichischem Recht gilt das, was mir geschehen ist, nicht als Vergewaltigung, denn ich habe mich nicht körperlich gewehrt, ich habe keine physische Gewalt jenseits der sexualisierten erlebt.

Zur Polizei zu gehen ist gerade bei sexualisierter Gewalt ohnehin oft eine befremdliche Möglichkeit. Für mich fühlt sich der Gedanke, dass Männer, von denen die Gewalt ausging, im Gefängnis sitzen, kaum befriedigend an. Oft waren die Männer, durch die ich Gewalt erlebt habe, Männer, die ich liebte. Ich wollte nicht, dass sie bestraft werden. Ich wollte, dass sie ihr Verhalten ändern. Ein Gefängnisaufenthalt, eine Geldstrafe, die meisten Maßnahmen, die unser Justizsystem vorsieht, können das kaum leisten.

Wenn ich davon spreche, dass ich mir eine Welt ohne Gefängnisse wünsche, entgegnen mir Menschen: Was ist mit richtig bösen Menschen? Mit Mörder*innen? Erstmal sage ich dann, dass der Großteil der Menschen im Gefängnis nicht Mörder*innen oder Sexualstraftäter*innen sind, sondern Menschen, die Einbrüche oder Internetbetrug begehen. Wichtiger noch: Rund 35% aller Menschen in Deutschland, die einmal straffällig werden, werden das auch wieder.[184] Das Justizsystem hilft nicht effektiv, ihr Verhalten zu ändern. Auch nicht bei Jugendlichen – unter denen ist die Rückfallquote sogar noch höher.[185] Alternativen zur Haft, die Menschen die Möglichkeit geben, sich zu verändern, sind trotzdem kaum Thema.

Was ist aber in Fällen, in denen Schreckliches passiert? In Fällen wie jenem von Gisèle Pelicot, der Frau in Frankreich, die von ihrem Ehemann jahrelang regelmäßig betäubt und missbraucht wurde? Ich glaube, gerade Gisèle Pelicots Fall zeigt, dass Verbrechen sich eben nicht vor allem durch Bestrafung adressieren lassen. Pelicot ging es in dem Prozess nicht nur um die Haftstrafe, vor allem ging es ihr um Verantwortlichkeit. Sie forderte, dass die Scham die Seite wechselt, dass das Thema sexualisierte Gewalt besprochen wird.[186]

Auch wenn man anerkennt, dass Gefängnisstrafen keine Lösung für Gewalt sind, kann man sie fordern. Die Entscheidung darüber liegt gerade in Pelicots Fall auch nicht bei mir, sondern bei der Gemeinschaft, die betroffen ist. Erst einmal geht es darum zuzuhören: Was fordern Betroffene? Wie wollen sie Täter-Personen zur Verantwortung ziehen? In Pelicots Fall war das ganz klar: Mit einem öffentlichen Prozess und der Forderung, sich nicht mehr schämen zu müssen.

Gisèle Pelicot ging es eben auch darum, dass die Gewalt, die ihr widerfahren war, Teil unserer Gesellschaft ist. Das waren keine Monster, das waren Männer. Einfach Männer. Dieselben, die ihren Kindern bei der Hausaufgabe helfen, die gute Ärzte sind, die mehr soziale Gerechtigkeit fordern. Gewalt findet mitten in unserer Gesellschaft statt.

Mit diesem Prinzip arbeitet auch das Kollektiv CARA – Communities Against Rape and Abuse in Seattle. Als erstes Prinzip ihrer Arbeit betont CARA, die Menschlichkeit in allen Beteiligten zu sehen – auch in der Person, von der die Aggression ausgeht. Entmenschlichung trage immer zu Unterdrückung bei, erklären sie. Und damit ziehe sich die Gemeinschaft aus der Verantwortung: Wenn wir uns von gewalttätigen Menschen distanzieren, weigern wir uns auch zu sehen, was wir zu den Bedingungen, unter denen die Gewalt passiert ist, beigetragen haben.[187]

Gleichzeitig versucht CARA in seiner Arbeit, geschädigte Menschen möglichst selbstbestimmt entscheiden zu lassen, was passiert, und schlägt vor, den Prozess in einer Gruppe zu organisieren. Accountability, also Verantwortung für das eigene Handeln zu übernehmen, ist dabei ein wichtiger Schlüsselmoment. Das allerdings ist ein langer Prozess: „Accountability is a process, not a destination."[188]

Verantwortlichkeit ist aber nicht nur wichtig, wenn Gewalt eskaliert. Verantwortung für einen selbst und füreinander zu übernehmen, ist für mich Fürsorge-Arbeit. Wir werden sicher, wenn wir für uns selbst und füreinander verantwortlich bleiben.

Ich habe erklärt:
Beziehungen brauchen Fürsorge.
Sich um die Menschen, mit denen man in Beziehung ist, zu kümmern, ist Verantwortlichkeit.
Es geht darum, Verantwortung für eigene Handlungen zu übernehmen.
Zum Beispiel, wenn man jemanden verletzt.
Damit setzt sich Mia Mingus auseinander. Und ich erkläre, wie die Gruppe CARA in den USA mit Verantwortlichkeit arbeitet.

Fürsorge als Befreiung

Ich erkläre:
Befreiung passiert, wenn wir füreinander da sind.
Füreinander da zu sein ist eine große Sache.
Es ist Arbeit.
Diese Arbeit ist wichtig.
Sie ist Fürsorge-Arbeit.
Das ist eine wichtige Befreiungspraxis.

Rena und ich treffen uns am Wohnzimmertisch. Ich habe gekocht und mich gerade hingesetzt, um zu essen. Rena ist eine der Personen, mit denen ich zusammenwohne. Dey kommt nachhause, setzt sich zu mir und isst einige Löffel der Reistörtchen mit, die ich in unserem Tiefkühler gefunden habe. Ein paar Minuten später weine ich und erzähle. Dann erzählt Rena, und etwas, das die letzten Tage hart an mir war, löst sich auf.

Ich glaube, in einer Welt, in der wir nicht den Großteil unserer Zeit in Erwerbsarbeit stecken müssten, könnten wir die Entscheidung, wie, wo und wann wir miteinander sein wollen, frei treffen. Und miteinander „erfüllte" Zeit erleben, wie Rena und ich am Wohnzimmertisch,

Ich habe schon beschrieben, dass Eva von Redecker argumentiert, Zuwendung ist Voraussetzung für Befreiung.[189] Abhängigkeit voneinander macht uns nicht weniger frei – im Gegenteil: Füreinander da zu sein führt dazu, dass Menschen freier werden. Ich glaube, dass das vor allem dann gelingt, wenn diese Fürsorge auf eine bestimmte Art und Weise organisiert ist.

Fürsorge wird gerade zu großen Teilen in Institutionen verrichtet: in Schulen, Heimen, Familien. Von diesen Institutionen geht aber oft Gewalt aus: In Österreich wurde beispielsweise 2011 im Rahmen der „Heimskandale" bekannt, wie weitläufig Gewalt in österreichischen Kinderheimen verbreitet war.[190] Aber das Problem ist nicht gelöst. Laut einer deutschen Studie aus dem Jahr 2024 haben über 60 % der Menschen, die in Einrichtungen der Behindertenhilfe leben, psychische und um die 50 % körperliche Gewalt erlebt.[191] Viele Behinderteneinrichtungen gleichen weiterhin sogenannten totalen Institutionen: Die Bewohner*innen können die Welt der Einrichtung, deren Teil sie sind, kaum verlassen – und sind so immer noch gefährdet für Gewalt.

Die US-amerikanische Autor*in und Aktivist*in Leah Lakshmi Piepzna-Samarasinha beschreibt die Idee und Praxis von *care webs*, auf Deutsch Fürsorge-Netze. Fürsorge-Netze brechen mit der Idee, dass Fürsorge unbedingt durch die Familie oder auf der Basis von Bezahlung organisiert sein muss. Beide Modelle lassen wenig Raum für Selbstbestimmung und setzen Menschen mit Behinderungen einem hohen Risiko aus, Gewalt zu erfahren.[192]

Fürsorge-Netze sind im Gegensatz dazu selbstbestimmt und solidarisch: „Resisting the model of charity and gratitude, they are controlled by the needs and desires of the disabled people running them".[193] Fürsorge-Netze werden von den Betroffenen selbst organisiert. Sie sind deshalb nach den tatsächlichen Bedürfnissen der Betroffenen ausgerichtet. Was die Menschen, die Teil des Netzes sind, brauchen, bestimmt niemand von außen, sondern die Gemeinschaft selbst. Dabei entwickelt sich keine moralische Überlegenheit der Fürsorge-Gebenden gegenüber der Fürsorge-Nehmenden. Ganz anders ist das, wenn Menschen mit Behinderungen auf Wohltätigkeit angewiesen sind – so wie das in Deutschland und Österreich oft der Fall ist.[194]

Menschen mit Behinderungen wird oft die Fähigkeit abgesprochen, sich umeinander kümmern zu können. Doch das Gegenteil ist der Fall. Menschen mit Behinderungen haben besonderes Wissen, eine besondere Art, füreinander da zu sein. Sie sind oft resilienter als Menschen ohne Behinderungen – weil sie es gewohnt sind, füreinander da zu sein. Außerdem können informelle und dezentrale Strukturen auf die Bedürfnisse der Menschen, die Teil von ihnen sind, flexibel reagieren.[195]

Eine ähnliche Struktur erforscht Nina Banks. Sie argumentiert, dass es Formen von Arbeit gibt, die nicht von einer Person alleine gemacht werden. Die Arbeit findet gemeinschaftlich statt, in Communities. Banks meint damit vor allem Fürsorge-Arbeit: Es ist zum Beispiel die Gruppe an Nachbar*innen, die regelmäßig bei einem älteren Menschen vorbeischaut, die Gemeinschaft an FLINTA, die Nachbarschaften sauber und sicher hält. Für das Ergebnis der Arbeit, zum Beispiel dafür, dass Pflanzen in der Nachbarschaft wachsen, ist nicht mehr ein Mensch allein verantwortlich, sondern eine Gemeinschaft. Solche Gemeinschaften sind in Banks' Argument ein resilientes System, in dem zuverlässig Fürsorge-Arbeit außerhalb von Familie und Markt organisiert wird.[196] Das wird besonders in Krisen deutlich: „During periods of severe economic crisis or natural disasters or public health crises, women's unpaid community work increases in response to loss of jobs and services".[197] Diese Fürsorge-Arbeit von Frauen werde oft als politisch gesehen, nicht aber als ökonomisch, als tatsächliche Arbeit, die Leben erhält und reproduziert.

Lakshmi Piepzna-Samarasinha und Banks beschreiben eine politische Praxis, in der Menschen, die Unterdrückung erfahren, neue Arten des Füreinander-da-Seins finden. Ich glaube, in unserer Fähigkeit, miteinander in Beziehung zu sein und sich umeinander zu sorgen liegt ein wesentliches Moment der Befreiung von den bestehenden Verhältnissen: Wir dürfen davon ausgehen, dass wir einander brauchen. Wir müssen nicht alles allein können. Wir dürfen voneinander abhängig und im besten Sinne verletzbar sein.

Ich glaube, das heißt nicht automatisch, dass wir Fürsorge-Arbeit immer gerne machen. In Beziehung zu sein ist keine Kleinigkeit, die neben Arbeit, Hobbys und allem anderen stattfinden soll. In Beziehung zu sein ist eine Hauptsache. Die Menschen in meinem Leben brauchen und bekommen den Großteil meiner Energie. Sie fordern mich: meine Freund*innen, meine Familie, romantische Partner*innen. Sie fordern Veränderung in Beziehungen ein, sie weisen mich auf Muster hin, sie kippen in ihre. Das ist anstrengend. Beziehungen dürfen mich anstrengen. Sie dürfen Angst machen, Wut und sogar Scham auslösen.

Ich hatte lange Angst, dass ich nicht genug Kraft übrig habe für die Menschen um mich herum. Aber: Care is not a burden. Sich zu sorgen, ist keine Last. Natürlich überschätze ich manchmal, was ich kann. Manchmal kostet mich meine politische Arbeit mehr Kraft, als ich gedacht habe, manchmal will ich mich auch einfach nicht um jemanden kümmern, manchmal bleibt zu wenig Raum und Zeit und Kraft für meine Beziehungen. Das alles ist für mich kein Widerspruch dazu, dass Fürsorge das Prinzip ist, nach dem ich leben möchte.

Auch in einer Utopie der Fürsorge wären wir nicht widerspruchsfrei füreinander da. Aber wir könnten Fürsorge in all ihrer Vielfältigkeit und Widersprüchlichkeit erproben. Denn Befreiung heißt immer auch, das In-Beziehung-Sein zu einer Hauptsache zu machen.

Ich habe erklärt:
Fürsorge wird meist in Institutionen geleistet.
Ich glaube, wenn sich das ändert, kann sie eine Praxis der Befreiung werden.
Es gibt viele Menschen, die Fürsorge nicht in Institutionen verrichten.
Ich habe dazu die Ideen von Leah Lakshmi Piepzna-Samarasinha und Nina Banks vorgestellt.
Sie begreifen Fürsorge als politische Arbeit.

Gemeinschaft weiter denken

Ich erkläre:
Viele Menschen glauben:
Die wichtigste Gemeinschaft, die es gibt, ist die Familie.
Ich glaube: Es gibt noch viele andere Orte der Gemeinschaft.
Sie zu sehen und alle zu nutzen, ist eine wichtige Art, Befreiung zu üben.

Wenn wir gemeinsam essen, dann mit Glitzer. Wir geben Glitzer auf das Risotto. Wir brunchen mit Glitzer auf der Wassermelone, dem Brot und dem Orangensaft. Wir löffeln goldglänzendes Schoko-Mousse.

Seit etwas über einem Jahr lebe ich mit Elena, Rena und Johanna. Unsere Küche ist auch das Vorzimmer. Es riecht meistens nach Kaffee, wenn ich gehe, weil Johanna und Elena ihn direkt nach dem Aufstehen trinken. Der Kühlschrank ist immer ein bisschen zu voll, und oft, wenn ich nachhause komme, steht da gerade jemand und kocht.

Ich habe ein großes Zimmer, in das nachmittags die Sonne scheint. Die Fenster gehen auf eine Gasse, die so leise ist, dass ich im Sommer mit offenem Fenster schlafe. Der Wind zieht dann von einem Fenster zum anderen. Ich kann selbst in heißen Nächten gut schlafen.

Ich erzähle das, weil ich das Gefühl habe, im Luxus zu leben, seit ich dort wohne. Viele Menschen leben irgendwann, gerade in ihren Zwanzigern, in einer Wohngemeinschaft, einer WG. Für viele ist das ein Übergang, kein Ziel. Für mich schon. Für mich war die Entscheidung, in diese Wohnung zu ziehen, durchaus eine politische Entscheidung: Ich wollte in Gemeinschaft leben.

Die meisten Menschen denken, wenn es darum geht, in Gemeinschaft zu leben, an Familien.

Ich glaube, eine WG kann eine ähnlich wichtige Gemeinschaft sein wie eine Familie. Auch wenn sie anders aussieht: Vor zwei Jahren kannte ich alle drei meiner Mitbewohner*innen nicht, wir haben uns über das Internet gefunden. Unsere Gemeinschaft ist wahrscheinlich nicht für immer. Vielleicht geht bald jemand ins Ausland, vielleicht zieht jemand weg. Wir haben uns keine Dauerhaftigkeit versprochen.

Aber für mich ist diese Lebensgemeinschaft trotzdem in einem Sinne am ehesten meine Familie:

Es sind die Menschen, mit denen ich zärtlich Alltag teile. Meistens weiß jemand von ihnen, wie mein Tag war und was mich gerade beschäftigt – genauso ist es umgekehrt: Meistens weiß ich, was die drei machen.

Sie ersetzen meine Geburtsfamilie nicht, sie ergänzen sie. Für mich ist das eine Form des Zusammenlebens, von der ich als Kind geträumt habe. Ich fühle mich gehalten von dieser Gemeinschaft und dabei kaum eingeschränkt oder isoliert.

Mir gefällt dieser Lebensentwurf besser als der Gedanke, mit einem*r Partner*in und einem Kind zu wohnen. Viel lieber habe ich eine Küche voller Geräte, die ich nie verwende. Gespräche beim Zähneputzen, die dazu führen, dass ich später schlafe, als ich will. Freund*innen meiner WG, die ich nicht kenne, in meinem Wohnzimmer. Ich will das Chaos und die Schönheit von gemeinschaftlichem Leben. Ich will, dass meine Kinder in so einer Gemeinschaft aufwachsen. Ich will, dass ich in so einer alt werde. Ich will immer auch Menschen um mich haben, die mir nahe, aber nicht verpflichtet sind.

Dass ich gerne langfristig in solchen Gemeinschaften leben will, macht mir Angst. Ich habe Angst, einsam zu enden. Dass irgendwann alle mit ihren Partner*innen in Reihenhäuser ziehen und ich alleine bleibe. Das hängt damit zusammen, dass wir romantische Beziehungen, so etwas wie eine Ehe als Ziele betrachten. Ich habe Angst, mich zu sehr gegen diese Entwürfe zu entscheiden, das Ziel zu verpassen. Dabei ist die Idee, mit einer Partnerperson zusammenzuleben, relativ neu und eigentlich nur in wenigen Regionen der Welt normal.

Die indigene Politikwissenschaftlerin Kim TallBear beschreibt, wie mit der Kolonialisierung der Amerikas auch eine bestimmte Art von Sexualität und Familie entstand. Eine Form von Sexualität, die indigenen Menschen von Siedler*innen aufgezwungen wurde: die Idee, dass ein Mann und eine Frau ein Paar bilden, das monogam zusammenlebt und in einer Kernfamilie organisiert ist. TallBear sucht in ihrer Arbeit Alternativen zu diesem Modell und geht dabei von ihren Erfahrungen als indigene Person aus. TallBear erzählt, dass es keine alleinerziehenden Mütter in ihrer Gemeinschaft gäbe. Ihre Mutter ließ sie zum Beispiel bei der Großmutter, um zu arbeiten. Aber in ihrer Gemeinschaft war auch selbstverständlich, dass ihre Gruppe, ihr „kin", nicht nur ihre Eltern sind. Das Wort *kin* oder *kinship* hat keine 100%-ige Entsprechung in der deutschen Sprache. *Kin* meint wörtlich übersetzt Verwandtschaft oder Familie, wird aber oft für so etwas wie die Sippe verwendet, die erweiterte, große Familie.[198]

Verantwortlichkeiten werden anders verteilt, Gruppen von Menschen kümmern sich gemeinsam um ein Kind, teilen sich Wohnung, Fürsorge-Arbeit und andere Ressourcen. Diese Arten des Zusammenlebens sind für sie ein impliziter Widerstand gegen die Kernfamilie und Monogamie, auf der ein expliziter Widerstand aufbauen könnte.[199]

Gleichzeitig erkennt sie an, dass auch in vielen indigenen Familien Gewalt passiert. TallBear argumentiert, dass diese Gewalt von der kolonialen

Struktur ausgeht und sich nicht durch Einfinden in klassische Familienmodelle überwinden lässt, sondern einen stärkeren Fokus auf die ganze Gemeinschaft benötigt.[200]

TallBear spricht vom „decentering" traditioneller Formen von Familie. Das Wort „decentering" scheint mir hier besonders angemessen. Die Idee ist nicht, Menschen zu verbieten, in Familien zu leben, ihre Kinder oder ihre Eltern zu lieben. Es geht nicht darum, etwas gewaltsam zu zerschlagen, sondern eher darum, etwas zu erweitern, was ohnehin schon da ist. Mehr Beziehungen in unserem Leben mehr Raum zu geben.

Kathi Weeks fordert etwas Ähnliches. Als ersten Schritt zur Abschaffung der Familie in ihrer jetzigen Form brauche es Reformen, die es Menschen ermöglichen, sich fluider im familiären und nicht familiären Rahmen zu bewegen.[201] Denn die Familie ist eine ambivalente Institution, die einerseits begehrt und gebraucht wird – gerade von Menschen, die Unterdrückung erfahren. Andererseits nimmt die Familie eine wichtige Funktion im Kapitalismus ein: Sie stellt sicher, dass Fürsorge-Arbeit im privaten Raum organisiert wird.[202]

Familien organisieren aber nicht nur Fürsorge-Arbeit, sondern auch Vermögensverteilung: Laut einer Studie der Nationalbank besitzt in Österreich ein Prozent der Bevölkerung bis zu 50 % des Gesamtvermögens – in anderen europäischen Ländern sieht es ähnlich aus. Der größte Teil davon stammt aus Erbschaften, er wird also als Erbe innerhalb Familien von Generation zu Generation weitergegeben.[203] Dadurch verfestigt und verstärkt sich soziale Ungerechtigkeit immer weiter. In Deutschland gibt es zwar eine Erbschaftssteuer, aber: „Sowohl im Vergleich zu anderen Steuern als auch im internationalen Vergleich werden Vermögen und Vermögenserträge in Deutschland nur sehr gering besteuert", so das Netzwerk Steuergerechtigkeit.[204] Auch in Österreich ist Vermögen nur sehr gering und Erbschaft seit 2008 gar nicht mehr besteuert.[205] Familien als Institution tragen also dazu bei, dass soziale Ungerechtigkeit bestehen bleibt.

Dennoch: Familien abschaffen, das klingt schnell gewaltvoll. Dabei geht es nicht darum, eine bestimmte Art von Zusammenleben zu verbieten. Es geht darum, mehr Vielfalt in Lebensgemeinschaften einfacher zu machen, Wahlmöglichkeiten aufzustellen.

Strukturen für Gemeinschaften jenseits der klassischen Familie gibt es kaum. Rechtliche Rahmen, Wohnungen, Schulen, sogar Autos sind auf eine Kernfamilie ausgelegt. Ihrem Bild, ihrer Form nicht zu entsprechen, bringt fast immer Nachteile – das macht es für Menschen, die wenige Privilegien haben, besonders schwer, in solchen Modellen zu leben.

Trotzdem gibt es zahlreiche Projekte, die hier ansetzen. Zum Beispiel indem sie gemeinschaftliches Wohnen auf unterschiedliche Arten erproben. Oft versuchen sie soziale Gerechtigkeit, ökologische Fragen und die Organisation von Fürsorge-Arbeit zusammenzudenken. Im deutschsprachigen Raum gibt es viele hunderte solche Projekte – zum Beispiel die Genossenschaft Kalkbreite, die leistbaren Wohnraum in einer der teuersten Städte Europas, in Zürich, schafft. Knapp 2.400 Menschen waren im Februar 2023 Mitglieder. Die beiden Häuser in Zürich, die der Genossenschaft gehören, bieten leistbaren, ökologischen und gemeinschaftlichen Wohnraum.[206] Die Mieter*innen, die alle Teil der Genossenschaft sind, können gemeinsam über das Geld entscheiden, das über die Miete erwirtschaftet wird. Gewinn kann damit also niemand machen. Das Ziel von Projekten wie diesen ist meistens: Der Wohnraum soll den Menschen gehören, die ihn benutzen wollen, und nicht jenen, die damit Geld verdienen.

Ähnlich wichtig finde ich informelle Versuche, das Zusammenwohnen neu zu organisieren: Ein Beispiel sind zwei meiner Freund*innen, die mit Ende zwanzig statt mit ihren Partnern miteinander in ein Haus gezogen sind, das sie insgesamt zu viert teilen.

Ein Teil dieser Gemeinschaften ist oft auch gemeinsames politisches Engagement. Für mich ist unsere WG mehr und mehr auch meine politische Heimat. Wir besprechen, was uns bewegt. Wir gehen gemeinsam auf Demos. Wir organisieren uns miteinander und durcheinander. Von allen, mit denen ich wohne, und den Menschen um sie herum habe ich viel gelernt. Ich empfinde unsere Wohngemeinschaft deshalb als verschränkt mit mir als politischem Menschen.

Das eigene Zuhause bewusst zu einem Ort zu machen, an dem man sich politisch austauscht und organisiert, ist ein Schritt gegen die Trennung von privaten und politischen Räumen. Diese Trennung ist mit ein Grund, warum an privaten Orten Gewalt strukturell organisiert werden kann, ohne dass wir gesellschaftliches Verantwortungsgefühl dafür entwickeln. So wie Alva Gotby meint: Liebe ist auf die private Sphäre reduziert, und die darf im Umkehrschluss fast nicht öffentlich und politisch sein.[207]

Doch Familien bestehen oft aus Menschen, die politisch unterschiedlich denken. Auch deshalb möchte man vielleicht, dass die Familie aus dem Politischen ausgeklammert wird. Ich glaube, einen Raum als politisch anzuerkennen, bedeutet nicht, immer politische Themen verhandeln zu müssen. Es geht eher darum anzuerkennen, dass wir leben, wie wir leben, weil wir uns für bestimmte Arten der Zärtlichkeit entscheiden. Wir entscheiden uns, Zärtlichkeit mit den einen zu teilen und den anderen nicht. Das ist natürlich in Ordnung. Jede*r hat das Recht frei zu wählen, zu wem man zärtlich ist. Aber auch diese Entscheidung ist eine politische. Mir geht es darum, den Raum auszuweiten, in dem wir Zärtlichkeit erfahren und teilen.

Ich bemerke mit Freude, wie oft mir Zärtlichkeit im Öffentlichen begegnet: Als mir eine Person in der U-Bahn ein Taschentuch reicht; als ich durch eine Straße gehe, in der in fast jedem Fenster eine Fahne hängt, die das Haus als feministisch markiert; als eine Gruppe an Menschen auf einer Kundgebung tanzt; als eine junge Person stehen bleibt, um mir zu sagen, dass ihr mein Outfit gefällt. Diese Zärtlichkeit ist natürlich anders beschaffen als jene, die wir mit unseren engsten Menschen erfahren. Aber sie ist nicht weniger kraftvoll. Sie schafft Gemeinschaft, Verbundenheit und behütet Verletzbarkeit. Sie kann uns wehrhaft und stark machen.

Für die anderen Verhältnisse, die ich einfordern möchte, brauchen wir alle Arten von Gemeinschaften, die wir uns vorstellen können: Wohngemeinschaften, Nachbar*innen, Freund*innen, Geschwister, Eltern, Genoss*innen, Kolleg*innen, Liebende. Wir brauchen einander.

Ich habe erklärt:
Die meisten Menschen in unserer Gesellschaft haben das Ziel, in Familien zu leben.
Das hat politische Folgen.
Ungerechtigkeit bleibt erhalten.
Das sieht auch Kathi Weeks so. Ich stelle ihre Gedanken dazu vor.
Dabei gibt es viele Möglichkeiten, in Gemeinschaften zu leben.
Viele indigene Kulturen denken Familie ganz anders.
Dazu stelle ich Kim TallBears Ideen vor.
Es geht mir darum, dass Zärtlichkeit an möglichst vielen Orten stattfinden soll.

Widersprüche aushalten

Ich erkläre:
Veränderung ist wichtig und möglich.
Aber sie ist nicht einfach.
Es geht darum, auszuhalten, dass nicht alles gut ist.
Das nenne ich: Widersprüche.

Manchmal setze ich mich gerade dann, wenn ich eigentlich losmuss, um meinen Tag zu beginnen, nochmals kurz auf meinen Schreibtischsessel. Und mit mir sitzen meine Gefühle: Meine Angst sitzt tief unter meinem Rippenbogen, meine Traurigkeit liegt eingerollt neben ihr, meine Scham an der rechten Hüfte, meine Wut breitet sich leicht über meinem Zwerchfell aus, meine Neugier an der linken Schulter, eine zarte Freude liegt über meinem Brustbein. Das wird schön heute, denke ich.

An solchen Tagen sehe ich mich an und versuche zu sehen, wer ich geworden bin. Zum Beispiel bemerke ich: Ich trage öfter merkwürdige Kleidung. Ich mache mehr Dinge, die ich nicht gut kann: absurde Pullover und schlechte Tassen und flüchtig überlegte Texte. Ich denke oft darüber nach, wie ich lieben will. Ich versuche, viel Zeit in der Nähe von Bäumen zu verbringen. Ich bin immer weniger bereit, Kompromisse einzugehen, wenn es darum geht, wie es den Menschen um mich und mir geht.

Es geht mir viel darum, Widersprüche auszuhalten: Gefühle sind wichtig und schön, aber sie sind auch anstrengend und nerven. Man kann sich verlaufen in ihnen. Zu viel fühlen kann genauso unproduktiv sein wie zu viel denken. Sich dem Fühlen zuzuwenden ist Lösung und Problem in einem. Es ist ein wichtiger Schritt hin zu Befreiung, aber natürlich nicht der einzige. Beziehungen sind zentral für mich, aber sie sind auch Arbeit. Manchmal lassen sie mich verzweifeln. Menschen sind komplex. Wir machen nicht nur logische Dinge, wir treffen diffuse und destruktive Entscheidungen.

Fühlen, in Beziehung sein, Befreiung: Alles ist unglaublich kompliziert – aber eher als daran zu verzweifeln, möchte ich das Komplizierte aushalten: alle Widersprüche, alle Unklarheiten, die vielen Fragen, die zu immer mehr Fragen führen.

Das zu einer Hauptsache zu machen, ist für mich die Konsequenz daraus zu verstehen, dass Gefühle politisch sind. Befreiung ist kein einfacher, geradliniger Prozess. Es gibt nicht die eine Richtung, in die man laufen kann. Es gibt nur den Versuch, alles zu fühlen – und das alles auszuhalten.

„Conjuring the world does not necessarily mean changing it completely.", sagt Künstlerin Mirga-Tas: Die Lösungen liegen oft direkt vor uns. Sie sind oft simpler und unkomplizierter, als wir denken. Diese bessere Welt, so Migra-Tas, liegt oft im Alltäglichen.[208] Wir haben schon viel mehr Lösungen, als wir denken: Ein langsamer Samstag mit Freund*innen. Eine Kundgebung, auf der Menschen spontan teilen, was sie bewegt. Ein Abend, den wir mit etwas verbringen, das wir gerne machen. Wir wissen, was sich gut anfühlt. Das alles sind Hinweise darauf, wie Verhältnisse, die uns das Fühlen ermöglichen, aussehen können.

Trotzdem muss sich vieles ändern. Wir brauchen neue Systeme, die besser darin sind, uns alle sicher zu halten. Wir brauchen Verhältnisse, die Befreiung und Fürsorge zulassen. Das bedeutet eine große Veränderung. Aber: Das Andere, das Neue, liegt nicht in der Ferne, sondern in der Nähe. Und vielleicht, denke ich manchmal, reicht das: in Beziehung bleiben, Widersprüche aushalten und Gemeinschaft ernst nehmen.
Das kann zum Beispiel so aussehen:

„Wie wäre es", sagt Isabel, als ich nach einem harten Tag zu ihr komme. „wenn wir den Abend zweiteilen? Zuerst erzählst du mir, was los ist, wir lassen alles raus, und dann gehen wir was trinken und haben den Abend, den wir geplant haben?" Und so machen wir es: Wir sitzen erst auf ihrem Bett, ich erzähle und weine. Dann gehen wir los in die Bar um die Ecke, trinken Limonade-Sorten, die wir noch nicht kennen, und kichern. Am Heimweg denke ich, dass alles leichter ist, als ich mir vorstellen kann.

Oder:

Wir stehen im Regen. „Es regnet und das ist gut so. Die Pflanzen brauchen das.", sagt meine Mutter. Das stimmt, denke ich. Aber ich wünschte, dass ich eine Pflanze wäre und nicht ein Mensch, der an einem Freitagmorgen Sonne auf der Nase und einen Kaffee in der Hand braucht.

Wir sind beide sehr passend gekleidet, beide im Regenmantel, der uns trocken hält und keinen Grund zum Unglück lässt. Ich denke an die vielen Dinge, die ich von ihr gelernt habe.

Oder:

Ich versuche, mehr Zeit mit meinen unangenehmen Gefühlen zu verbringen, aber weil sie sehr unangenehm sind, fällt mir das schwer. Da hilft es mir fast ausnahmslos, zu hüpfen. Aber die Gefühle verschwinden nicht. Sie hüpfen mit.

Immerhin machen wir dann etwas gemeinsam.

Ich habe erklärt:
Veränderung hat damit zu tun, Widersprüche auszuhalten.
Viele Lösungen, die wir suchen, gibt es eigentlich schon.
Das sagt die Künstlerin Małgorzata Mirga-Tas.
Ich versuche Beziehungen ernst zu nehmen und Widersprüche aushalten.
Ich glaube das ist ein guter Anfang.

Es werden wir gewesen sein.

Ich weiß keine bessere Welt.[209]
Ich kann sie noch immer nicht sehen.
Aber ich sehe uns.

Ich sehe uns einander halten. Ich sehe Körper, die laufen, die stehen, die tanzen, die liegen und nach oben sehen, die Bilder malen und Kaffee trinken und Bus fahren, die auf einen Baum klettern, die weinen, die ein Bad nehmen, die in der Menge singen, die am Wasser sitzen, die verhakt liegen, Hand in Hand, Kopf an Kopf, Bein in Bein.

Ich sehe uns Haut an Haut, Körper an Körper, ineinander fließen.

Ich sehe, wie wir fühlen, alles fühlen.
Alles, alles, alles.

Sprache

Ich versuche, in meiner Sprache an möglichst alle Menschen zu denken.

Wenn ich eine Mehrzahl schreibe, mache ich ein *. Das ist so, weil es Menschen gibt, die keine Männer oder Frauen sind. Ich denke auch an sie. Ich schreibe zum Beispiel: Freund*innen.

Manchmal verwende ich das Pronomen dey. Das ist wie sie oder er für Menschen, die kein Mann oder keine Frau sind.

Ich schreibe Menschen mit Behinderungen, weil viele Gruppen, die sich gut mit den Rechten von Menschen mit Behinderungen auskennen, sagen: Das ist eine gute Idee. „Behindert" ist kein schlimmes Wort, sondern es heißt: Unsere Welt passt nicht so gut zu manchen Menschen. Deshalb muss sich die Welt ändern.

FLINTA ist eine Abkürzung. FLINTA bedeutet: Frauen, Lesben, Inter, Nichtbinäre, Trans und Agender Menschen. Das sind alle Menschen, die nicht cis-Männer sind. cis-Männer sind Menschen, über die bei der Geburt gesagt wurde, dass sie Männer sind und die als Männer leben.

Ich verwende auch das Wort Frauen. Damit meine ich alle Menschen, die als Frauen leben und damit Erfahrungen machen, die für Frauen zentral sind.

Ich verstehe Frau dabei vor allem als soziale und ökonomische Kategorie. Das heißt: Frauen sind Menschen, die eine bestimmte Rolle in unserem Wirtschaftssystem einnehmen. Frauen sind Menschen, die bestimme Erfahrungen im Aufwachsen machen.

Manchmal verwende ich das Wort „Frauen“, weil es mir um diese Erfahrungen geht. Manchmal verwende ich es aber auch, weil sich viele Zahlen und Studien auf Frauen beziehen. Dann versuche ich, queere Erfahrungen zu ergänzen.

Ich schreibe PoC oder rassifizierte Menschen. PoC ist eine Abkürzung für People of Colour, die oft als Selbstbezeichnung von von Rassismus betroffenen Menschen verwendet wird.[210]

Rassifizierte Menschen verwende ich für Menschen, die Rassismus erleben. Ich schreibe rassifiziert, weil Rassismus Menschen begegnet, er wird ihnen aufgezwungen und ordnet sie anhand dieses Prinzips. Menschen werden rassifiziert.

Ich schreibe Schwarze Menschen, weil Schwarz eine Selbstbezeichnung vieler Menschen afrikanischer und afro-diasporischer Herkunft bzw. PoC ist. Das S ist groß geschrien, um zu zeigen, dass es um eine bewusste, emanzipatorische Positionierung geht, nicht um die Hautfarbe.[211]

Ich schreibe *weiße* Menschen, um zu verdeutlichen, dass es dabei nicht um eine Hautfarbe geht, sondern um eine soziale Position. Um die Erfahrungen, die ein *weißer* Körper macht, die Privilegien, die ihm zugesprochen werden.

cis-männlich/cis-weiblich: cis bedeutet, dass eine Person die Geschlechtsidentität auslebt, die ihr bei der Geburt zugewiesen wurde.[212]

Fürsorge-Arbeit: Ich habe mich entschieden, das Wort Fürsorge zu verwenden. Ich beziehe mich dabei immer wieder auf den Diskurs in der feministischen Ökonomie, in dem meistens das Wort *care* verwendet wird. Ich habe mich für die deutsche Übersetzung entschieden, weil ich glaube, dass die Idee in diesem Buch so besser zugänglich ist. Ich baue aber stark auf der bestehenden Arbeit zu *care* auf, unter anderem auf der Arbeit von Gabriele Winker, Frigga Haug, Sophie Lewis, Nina Banks, Silvia Federici, Kathi Weeks.[213]

Andere Verhältnisse: Wenn ich von Veränderung schreibe, spreche ich gerne von Verhältnissen und davon, andere zu schaffen. Das gefällt mir besser als das Wort „Gesellschaft" oder „Struktur", weil ich glaube, dass die Art, wie wir wirtschaften, eine große Rolle spielt. Deshalb schreibe ich Verhältnisse. Damit meine ich eine Mischung aus Gesellschaft, Strukturen und der Art, wie wir wirtschaften.

Dank

Danke an

Stefanie Jaksch für eine der besten Instagram-DMs meines Lebens und die klügste und einfühlsamste Begleitung dieses Buches!

Danke

an alle, die für mich Familie sind.

an meine Eltern und meine Geschwister, die mich in so vielem, das ich bin, unterstützen.

an meine WG, an Rena, Johanna und Elena, dafür, dass ihr mir in mehr als einer Hinsicht den Ort ermöglicht habt, an dem ich am besten schreiben kann.

an Isabel, die mich und dieses Buch mit Zartheit und Enthusiasmus in fast jedem Stadium begleitet hat.

an Lennart für die klügsten Gedanken, Prosecco im richtigen Moment und dafür, dass er der erste Mensch war, der an dieses Buch geglaubt hat.

an Kathi, Kathi und Lisa, die mir Heimat im Journalismus – und so vieles mehr – sind.

to Michelle, who taught me so much about creating things and taking beauty seriously.

an die klugen Menschen, die bei *andererseits* arbeiten und deren Gedanken viele Argumente dieses Buches prägen.

Danke an Katharina, Johanna, Rena, Laura, Yuria, Partsch, Lisa, Mo, Isabel und Lennart fürs vorab lesen, Feedback geben, Literatur empfehlen und mitdenken.

Und zuletzt danke

an Kathi für die „alles fühlen“-Playlist, die die beste zum Schreiben war.

an Leonie, für die Erinnerung, einzufordern, was ich brauche, und das Schreib-Ende zu feiern.

Mir kommt dieses Buch vor wie ein Netz, das ich zwischen Menschen zu spannen versuche, und für mich fühlt ihr alle euch an wie ein Teil dieses Netzes. Gracias from my heart to yours <3

Anmerkungen

1 Nelson, Maggie (2015): The Argonauts. London: Melville House UK, S. 178

2 Gotby, Alva (2023). They Call It Love: The Politics of Emotional Life. New York/London: Verso

3 Lorde, Audre (1985): Poetry Is Not a Luxury. In: Sister Outsider: Essays and Speeches. Berkeley: Crossing Press, S. 36–42

4 Kurt, Şeyda (5. Juni 2024): Diversity-Keynote: Politische Gefühle – Vortrag und Gespräch bei der Diversity-Woche der Universität zu Köln 2024

5 As/Is (2015): Fat Is Not a Feeling, siehe https://www.youtube.com/watch?v=fzia-8MX4ig

6 Tempest, Kae (2020): On Connection. London: faber, S. 19

7 Ebd., S. 9

8 Lorde 1985, S. 38

9 Hedva, Johanna (2020): Sick Woman Theory, siehe https://topicalcream.org/features/sick-woman-theory/

10 Federici, Silvia (2020): Revolution at Point Zero. Housework, Reproduction, and Feminist Struggle. New York: PM Press, S. 13

11 Siehe dazu: Gleeson, Joanne Jules/O´Rourke, Elle (Hg.) (2021): Transgender Marxism. London: Pluto Press; Gore, Ellie (2025): Towards a trans-inclusive critical international political economy? Or why trans oppression matters for understanding capitalism and social reproduction. Capital & Class 49(1), S. 123–144

12 Piepzna-Samarasinha, Leah Lakshmi (2018): Care Work: Dreaming Disability Justice. Vancouver: Arsenal Pulp Press, S. 137

13 Mitchell, Sherri (2020): Indigenous Prophecy and Mother Earth. In: Johnson, Elizabeth Ayana/Wilkinson, Katherine K. (Hg.): All we can save. New York: Penguin Random House, S. 21

14 Cudworth, Erika/Hobden, Stephen (2017): The Emancipatory Project of Posthumanism. London: Taylor and Francis, S.123

15 Cudworth, Erika (1998): Gender, nature and dominance: an analysis of interconnections between patriarchy and anthroparchy, using examples of meat and pornography, S. 31–33, siehe https://etheses.whiterose.ac.uk/id/oai_id/oai:etheses.whiterose.ac.uk:12998

16 Marino, Lori (2019): Orca Brains and Intelligence: The Evolutionary Story. Vortrag siehe https://whalesanctuary-project.org/orca-brains-and-intelligence/

17 Said, Edward: Orientalism. In: Ashcroft, Bill (Hg.): The post-colonial studies reader. London: Routledge 2011, S. 87–92

18 Vgl. Cudworth 1998

19 Udeani, Chiny (n.d.): Home not exile, siehe https://chiny-udeani.net/de/home/home-not-exile

20 Tsing, Anna Lowenhaupt (2015): The Mushroom at the End of the World: On the Possibility of Life in Capitalist Ruins. Princeton, NJ: Princeton University Press, S. 3

21 Ebd., S. viii

22 Ebd., S. vii.

23 Ahmed, Sara (2014). The Cultural Politics of Emotion. Edinburgh: Edinburgh University Press, S. 196

24 Voice of America (n.d.): What It Takes – Maya Angelou, siehe https://learningenglish.voanews.com/a/what-it-takes-maya-angelou-1/4364292.html

25 Kurt, Şeyda (5. Juni 2024): Diversity-Keynote: Politische Gefühle - Vortrag und Gespräch Diversity-Woche der Universität zu Köln 2024

26 Grosfoguel, Ramón (2013). The Structure of Knowledge in Westernized Universities: Epistemic Racism/Sexism and the Four Genocides/Epistemicides of the Long 16th Century. Human Architecture: Journal of the Sociology of Self-Knowledge, 11(1), 73–90

27 Weltbank (n.d): Poverty headcount ratio at $2.15 a day (2017 PPP) (% of population) - Congo, Dem. Rep., siehe https://data.worldbank.org/indicator/SI.POV.DDAY?locations=CD&name_desc=true

28 Bundeszentrale für politische Bildung, Demokratische Republik Kongo, siehe https://www.bpb.de/themen/kriege-konflikte/dossier-kriege-konflikte/54628/demokratische-republik-kongo/

29 Mishra, Sera (2024): Genocide Emergency: Democratic Republic of the Congo, siehe https://www.genocidewatch.com/de/_files/ugd/462c19_9bd1313fc88f4a96afab88d3da3311ea.pdf

30 Brand, Ulrich/Wissen, Markus (2017): Imperiale Lebensweise. Zur Ausbeutung von Mensch und Natur im globalen Kapitalismus. München: oekom Verlag

31 Lorde, Audre (1981). The Uses of Anger: Women Responding to Racism, siehe https://www.blackpast.org/african-american-history/speeches-african-american-history/1981-audre-lorde-uses-anger-women-responding-racism/

32 Lorde 1985, S. 38

33 Siehe zum Beispiel https://www.youtube.com/playlist?list=PL89TxD5S7MPiS8_z3kFZd2vfKe4FuapfZ

34 Weeks, Kathi (2011): The Problem with Work. Durham: Duke UP, S. 7 f.

35 Statistik Austria (2023): Frauen verbringen mehr Zeit mit Arbeit als Männer. Mehr als die Hälfte der Arbeitszeit von Frauen ist unbezahlt, von Männern ein Drittel, siehe https://www.statistik.at/fileadmin/announcement/2023/12/20231218ZVE20212022.pdf

36 Buschner, Andrea (2014): Die Arbeitsteilung gleichgeschlechtlicher Paare in Deutschland. Bamberg: University of Bamberg Press, siehe https://core.ac.uk/download/pdf/144489849.pdf

37 Federici, Silvia (2012): Aufstand aus der Küche. Reproduktionsarbeit im globalen Kapitalismus und die unvollendete feministische Revolution. Münster: edition essemblage.

38 Federici, Silvia (1974): Wages Against Housework. In: Burn It Down! Edited by Breanne Fahs (2020). London/New York: Verso, S. 127–136

39 Federici 1974, S. 127

40 Campbell, Fiona Kumari (2009): Contours of Ableism. The Production of Disability and Abledness. Basingstoke: Palgrave Macmillan

41 Gugler, Hanna (n.d.): Laut schreien aus dem Bauch hinaus, siehe https://www.andererseits.org/laut-schreien-aus-dem-bauch/

42 Redecker, Eva (2023): Bleibefreiheit. Frankfurt am Main: Fischer Verlag , S. 100

43 Gugler n.d.

44 Redecker 2023, S. 136

45 Ebd., S. 135 f.

46 Porak, Clara (2021): Vom Wert des Menschen: Ein Gespräch mit Barbara Prainsack, siehe https://period.at/articles/vom-wert-des-menschen-ein-gesprach-mit-barbara-prainsack

47 Ebd.

48 Olufemi, Lola (2019). Experiments in Imagining Otherwise. London: Pluto Press, S. 138

49 Kaba, Mariame (2021): We Do This Til We Free Us. Abolitionist Organizing and Transforming Justice. Chicago: Haymarket Books

50 Galtung, Johan (1969): Violence, Peace, and Peace Research. Journal of Peace Research, Vol. 6, No. 3 (1969), S. 167–191

51 Autonome Österreichische Frauenhäuser (2024): Mutmaßliche Femizide durch (Ex-)Partner oder Familienmitglieder oder durch Personen mit Naheverhältnis zum Opfer 2024 laut Medienberichten., siehe https://www.aoef.at/images/04a_zahlen-und-daten/2024/Frauenmorde-2024_Liste-AOeF.pdf

52 ORF (2024): Unterkunft für Asylwerber ausgebrannt, siehe https://ooe.orf.at/stories/3272443/

53 Big Sibling: Abolitionismus in Theorie und Praxis – ein Gespräch mit Akim von ISD Nürnberg, siehe https://open.spotify.com/episode/12DZsGl5f1mEj7T8pGZA3j?si=39182c8335124e1d

54 Kaba 2021

55 Bradley, Gracie Mae/de Noronha, Luke (2022): Against Borders. The Case for Abolition. London: Verso

56 Bradley/Noronha 2022, S. 42

57 Operational Data Portal (n.d.): Europe Sea Arrivals, siehe https://data.unhcr.org/en/situations/mediterranean

58 Kampf, Lena/Ludwig, Kristiana/Sales Prado, Simon (2023): Das verlorene Boot, siehe https://www.reporterpreis.de/upload/das-verlorene-boot-original-65185c34b969f.pdf

59 Refugees4Refugees (n.d.): Interview. Solidarität am Flughafen, siehe https://refugees4refugees.org/2024/07/03/interview-solidartiaet-am-flughafen/

60 Siehe https://taz.de/Fluechtling-ueber-deutsche-Waffenindustrie/!5222868/

61 Verband Deutscher Sinti und Roma: Wer sind Roma und Sinti?, siehe https://www.sinti-roma-sh.de/wer-sind-sinti-und-roma/

62 Sensiro Studie, siehe https://sensiroprojekt.univie.ac.at/wp-content/uploads/2022/10/SENSIRO_Endbericht.pdf

63 Polit Pitor: For the Roma, Borders Don't Exist: An Interview with Małgorzata Mirga-Tas, siehe , https://culture.pl/en/article/for-the-roma-borders-dont-exist-an-interview-with-malgorzata-mirga-tas

64 Smith, Andrea: Foreword, in: Walia, Harsha (2013): Undoing Border Imperialism. AK Press Institute for Anarchist Studies

65 ORF (2025): 35 % der Wiener nicht wahlberechtigt, siehe https://wien.orf.at/stories/3295902/

66 Bradley/Noronha 2022, S. 39

67 Deutsch: Wir fließen, Körper an Körper an Körper. Aus Neimanis, Astrida: Hydrofeminism. Or, on Becoming a Body of Water. In: Nigianni, Chrysanthi/Gunkel, Henriette/Söderbäck, Fanny (Hg.) (2012): Undutiful Daughters: New Directions in Feminist Thought and Practice. New York: Palgrave Macmillan, S. 87

68 Redecker 2020, S. 1

69 Richardson, J./Steffen W./Lucht, W., Bendtsen, J./Cornell, S.E. et.al. (2023): Earth beyond six of nine Planetary Boundaries. Science Advances, 9, 37; Rockström, J./Steffen, W./Noone, K./Persson, Å., et.al. (2009): A safe operating space for humanity. Nature 461: 472–475, DOI 10.1038/461472a

70 Climate Action Tracker (n.d.): CAT Emissions Gap, siehe https://climateactiontracker.org/global/cat-emissions-gaps/

71 Khalfan, Ashfaq/Nilsson Lewis, Astrid/Aguilar, Carlos/Lawson, Max/Jayoussi, Safa/Persson, Jacqueline/Dabi, Nafkote/Acharya, Sunil (2023): Climate Equality: A planet for the 99 %. Oxfam International, siehe https://policy-practice.oxfam.org/resources/climate-equality-a-planet-for-the-99-621551/

72 Redecker 2020, S. 17

73 La Rebelión de Las Flores Nativas (2019), siehe https://www.pressenza.com/wp-content/uploads/2019/10/LA-REBELION-DE-LAS-FLORES-NATIVAS.pdf

74 Davis, Angela Y. (2007): Abolition Democracy: Beyond Empire, Prisons, and Torture. Interviews with Angela Davis. New York: Seven Stories Press

75 Bachmann, Ingeborg (2005): Ich weiß keine bessere Welt. Unveröffentlichte Gedichte. München: Piper Verlag, S. 20

76 LasTesis (2021). Verbrennt eure Angst. Frankfurt am Main: Fischer Verlag, S. 7

77 Schneider, Lea (2021). Scham. Berlin: Verlagshaus Berlin, S. 7

78 Dolezal, Luna (2015). The Body and Shame: Phenomenology, Feminism, and the Socially Shaped Body. Lanham, MD: Lexington Books, S. XVI

79 Schneider 2021, S. 13

80 Ebd., S. 28

81 Sanyal, Mithu (2020). Vulva: Die Enthüllung des unsichtbaren Geschlechts. Berlin: Wagenbach

82 Butler, Judith (2004): Undoing Gender, New York: Routledge, S. 19

83 Porak, Clara (2021): Nein. Süddeutsche Zeitung Magazin, siehe https://sz-magazin.sueddeutsche.de/leben-und-gesellschaft/vergewaltigung-erfahrung-89687

84 Schneider, Lea (2024): Radikale Verletzbarkeit. Schreibweisen bewusster Selbstentblößung zwischen Sozialen Medien und Literaturbetrieb. Bielefeld: transcript Verlag, S. 11

85 Schneider 2024, S. 33

86 Bundeszentrale für politische Bildung (n.d.), siehe https://www.bpb.de/kurz-knapp/hintergrund-aktuell/292948/die-geburtsstunde-des-gay-pride/#:~:text=Am%2028.,eine%20selbstbewusste%20LGBTQI%2DBewegung%20gefeiert

87 Metcalf, Meg (n.d.). The History of Pride, siehe https://www.loc.gov/ghe/cascade/index.html?appid=90dcc35abb714a24914c68c9654adb67

88 Angelou, Maya: Still I Rise, siehe https://www.poetryfoundation.org/poems/46446/still-i-rise

89 Knoll, Yuria (2022): Mutausbruch, siehe https://www.andererseits.org/mutausbruch/

90 Cherry, Myisha (2021). The Case for Rage: Why Anger Is Essential to Anti-Racist Struggle. Oxford: Oxford University Press, S. 16–17

91 Cherry 2021, S. 24

92 Lorde 1981

93 Ebd.

94 Angry Cripples (n.d.): Angry Cripples, siehe https://www.instagram.com/p/CV0tyMGMqDJ/

95 Angry Cripples (n.d): Ein Jahr nach Potsdam, siehe https://www.angrycripples.com/Ein-Jahr-nach-Potsdam

96 Bundeszentrale für politische Bildung (2019): Wahlrecht für alle, siehe https://www.bpb.de/themen/politisches-system/politik-einfach-fuer-alle/287187/wahlrecht-fuer-alle/

97 Forschungsbüro Menschenrechte (2023): Politische Teilhabe. Wahlbeteiligung von Menschen mit Behinderungen, siehe https://www.lebensgross.at/wp-content/uploads/2023/08/forschungsbericht-politische-teilhabe-kurzversion.pdf

98 Jessica Manns Statement, siehe https://www.buzzfeednews.com/article/maryanngeorgantopoulos/harvey-weinstein-victim-impact-statements

99 The New York State Senate: Assembly Bill A6540A, siehe https://www.nysenate.gov/legislation/bills/2021/A6540

100 Ahmed, Sara. (2014). The Cultural Politics of Emotion (NED-New edition, 2). Edinburgh University Press, siehe http://www.jstor.org/stable/10.3366/j.ctt1g09x4q, S. 69

101 Las Tesis 2021

102 Ahmed 2014, S. 64

103 Ebd., S. 70

104 Ebd., S. 69 f.

105 Haller, Birgitt (2023). Femizide in Österreich. Eine Analyse der Justizakten aus dem Zeitraum 2016 bis 2020, SIAK-Journal – Zeitschrift für Polizeiwissenschaft und polizeiliche Praxis (4), 16-27, siehe https://dx.doi.org/10.7396/2023_4_B.

106 Vgl. Ahmed 2014

107 Vgl. Ebd.

108 Black Voices (2024): Vorfall in der Nacht des 2. Juni 2024. Offener Brief an die Landespolizei Wien und Forderung nach Konsequenzen, siehe https://blackvoices.at/wp-content/plugins/pdf-poster/pdfjs-new/web/viewer.html?file= und https://blackvoices.at/wp-content/uploads/2024/07/Polizeigewalt-Romeo-offener-Brief-Post.pdf&nobaki=false&z=0&stdono=&onlypdf=&raw=&fullscreen=1&sidebarOpen=false&side=false&open=false&hrscroll=#page=1

109 Verein ZARA – Zivilcourage & Anti-Rassismus-Arbeit (2023): Rassismus Report 2023, siehe https://assets.zara.or.at/media/rassismusreport/ZARA_RassismusReport_2023_DE.pdf

110 Projekt MEGAVO (2023): Zwischenbericht, siehe https://www.polizeistudie.de/wp-content/uploads/projekt-megavo-zwischenbericht-2023-04-04.pdf , S. 53

111 Holzmüller, Ines (2020): Tödliche Polizeigewalt auch in Österreich, siehe https://www.profil.at/oesterreich/blacklivesmatter-toedliche-polizeigewalt-auch-in-oesterreich/400929920

112 Death in Custody (2024): Todesfälle in Gewahrsam, siehe https://doku.deathincustody.info/

113 Ahmed 2014, S. 70

114 Ebd.

115 Antisemitismus Report (2023), siehe https://www.antisemitismus-meldestelle.at/_files/ugd/ed51c1_a799b1dfa1294cbb9c616f482fd73cbf.pdf

116 Antisemitische Vorfälle 2023, siehe https://report-antisemitism.de/documents/25-06-24_RIAS_Bund_Jahresbericht_2023.pdf

117 Gewaltinfo (n.d.): Gewalt gegenüber LGBTIQA+, siehe https://www.gewaltinfo.at/fachwissen/gewalt-gegenueber-lgbtqa-plus.html

118 CNN (2019): Transgender teens in schools with bathroom restrictions are at higher risk of sexual assault, study says, siehe https://edition.cnn.com/2019/05/06/health/trans-teens-bathroom-policies-sexual-assault-study/index.html

119 Gotby 2023, S. 64

120 Ebd., S. 31 f.

121 von Redecker, Eva (2020): Revolution für das Leben: Philosophie der neuen Protestformen. Frankfurt am Main: S. Fischer

122 Lorde 1981

123 Ahmed 2014, S. 69

124 Preciado, Paul B. (2020): Can the monster speak? London: Fitzcarraldo Editions, S. 38 f.

125 Preciado 2020, S. 36

126 Victor Hugo, The Man who laughs (1896), in: Preciado 2020, S. 1

127 Angel, Katharine (2021). Tomorrow Sex Will Be Good Again: Women and Desire in the Age of Consent. London: Verso, S 18 f.

128 Statistik Austria (2022): Geschlechterspezifische Gewalt gegen Frauen in Österreich. Prävalenzstudie beauftragt durch Eurostat und das Bundeskanzleramt, siehe https://www.statistik.at/fileadmin/publications/Geschlechtsspezifische-Gewalt-gegen-Frauen_2021_barrierefrei.pdf

129 Schüler, Leonie (2024): Berührt werden, siehe https://www.andererseits.org/beruehrt/

130 Sanyal, Mithu (2016): Vergewaltigung: Aspekte eines Verbrechens. Erstausgabe, 1. Auflage. Hamburg: Edition Nautilus

131 Ris-online: StGB § 201, siehe https://www.ris.bka.gv.at/eli/bgbl/1974/60/P201/NOR40217855#:~:text=(1)%20Wer%20eine%20Person%20mit,bis%20zu%20zehn%20Jahren%20zu

132 Counsil of Europe (2011): Übereinkommen des Europarats zur Verhütung und Bekämpfung von Gewalt gegen Frauen und häuslicher Gewalt, siehe https://rm.coe.int/1680462535

133 Deutscher Bundestag (2026): Bundestag entscheidet „Nein heißt Nein", siehe https://www.bundestag.de/webarchiv/textarchiv/2016/kw27-de-selbstbestimmung-434214

134 Angel 2021, S. 109

135 Vgl. Sanyal, Mithu (2009): Vulva. Die Enthüllung des unsichtbaren Geschlechts. Berlin: Wagenbach

136 Adamczak, Bini (2023): Come On, siehe https://missy-magazine.de/blog/2016/03/08/come-on/

137 Die Zeit (2021): Geschlechtsangleichende Operationen bei Kindern werden verboten, siehe https://www.zeit.de/politik/deutschsnaland/2021-05/intersexualitaet-kinder-operation-geschlechtsangleichung-verbot

138 Vienna.at (2023): Forderung nach Gesetz zum Schutz intergeschlechtlicher Kinder, siehe https://www.vienna.at/forderung-nach-gesetz-zum-schutz-intergeschlechtlicher-kinder/8083765

139 Angel 2014, S. 109

140 Tepest, Evan (2023): Power Bottom. Berlin: März Verlag

141 Gewalt in der Familie und im nahen sozialen Umfeld. Österreichische Prävalenzstudie zur Gewalt an Frauen und Männern (2011), siehe https://www.oif.ac.at/institut/aktuelles/

142 Widler, Yvonne (2022): Heimat bist du toter Töchter. Wien: Kremayr & Scheriau Verlag, S. 88

143 Ebd.

144 Perri, Christina (2011): Jar of Hearts, siehe https://www.youtube.com/watch?v=8v_4O44sfjM

145 Gotby 2023, S. 39

146 Kurt, Şeyda (2021). Radikale Zärtlichkeit: Warum Liebe politisch ist. Hamburg: HarperCollins, S. 125

147 Kurt 2021, S. 15

148 Contrapoints (2024): Twilight, siehe https://www.youtube.com/watch?v=bqloPw5wp48

149 Carson, Anne (2023): Eros the Bittersweet: An Essay. Princeton, NJ: Princeton University Press

150 Contrapoints (2024): Twilight, siehe https://www.youtube.com/watch?v=bqloPw5wp48

151 Kurt 2021, S. 127

152 Weeks, Kathi (2023): Abolition of the Family: The Most Infamous Feminist Proposal. Feminist theory 24.3 (2023): S. 433–453

153 LasTesis 2021, S. 37

154 Weeks 2023, S. 441 f.

155 Brickner, Irene (2024): Eltern ab Geburt: Novelle bringt Verbesserung für Frauenpaare mit Kind, siehe https://www.derstandard.at/story/3000000202173/eltern-ab-geburt-novelle-bringt-verbesserung-fuer-frauenpaare-mit-kind

156 Familienportal (n.d.): Regenbogenfamilien, siehe https://familienportal.de/familienportal/lebenslagen/regenbogenfamilien

157 Bundesministerium für Inneres (n.d.): Gewalt gegen Frauen, siehe https://www.bmi.bund.de/SharedDocs/schwerpunkte/DE/gewalt-gegen-frauen/gewalt-gegen-frauen-artikel.html

158 Autonome Österreichische Frauenhäuser (n.d.): Mutmaßliche Femizide durch (Ex-)Partner oder Familienmitglieder oder durch Personen mit Naheverhältnis zum Opfer 2023 laut Medienberichten, siehe https://www.aoef.at/images/04a_zahlen-und-daten/2023/Frauenmorde-2023_Liste-AOeF.pdf

159 UNODC (2023): Gender-related Killings of Women and Girls (Femicid/Feminicide). Global estimates of female intimate partner/family-related homicides in 2022, siehe https://www.unodc.org/documents/data-and-analysis/briefs/Femicide_brief_2023.pdf

160 Widler 2022, 87 f.

161 Vgl. Redecker 2020

162 Kurt 2021, S. 107

163 Ebd., S. 13

164 Vgl. hooks, bell (2018): all about love: New Visions. New York: William Morrow, S. 14

165 Kurt 2021, S. 18

166 Ebd., S. 20

167 Vgl. Gotby 2023

168 Mingus, Mia (2011): Access Intimacy, siehe https://leavingevidence.wordpress.com/2011/05/05/access-intimacy-the-missing-link/

169 Mingus, Mia (2017): Access Intimacy, Interdependence and Disability Justice, siehe https://leavingevidence.wordpress.com/2017/04/12/access-intimacy-interdependence-and-disability-justice/

170 Ebd.

171 YouTube. (10.01.2025). *#COP23 #indigenouspeople #passthemic*, siehe https://www.youtube.com/watch?v=M3IFMMvNtIk&list=PL9rVkadmnOyBf94K485GHBaP-3Co5q69e&index=13

172 Ebd.

173 Nelson, Maggie (2021): On Freedom. Four Songs of Care and Constraint. Minneapolis: Graywolf Press

174 Europäisches Parlament (2024): Die Antwort der EU auf Migration und Asyl, siehe https://www.europarl.europa.eu/topics/de/article/20170629STO78629/die-antwort-der-eu-auf-migration-und-asyl#reform-des-europischen-asylsystems-0

175 Pro Asyl (2024): FAQ zur europäischen Asylreform GEAS: Antworten auf die wichtigsten Fragen, siehe https://www.proasyl.de/news/faq-zur-europaeischen-asylreform-geas-antworten-auf-die-wichtigsten-fragen/

176 Nelson 2021

177 Redecker 2023, S. 68

178 Ebd., S. 17

179 University of Notre Dame (n.d.): Vulnerability Rankings, siehe https://gain-new.crc.nd.edu/ranking/delta/vulnerability

180 Redecker 2023, S. 99

181 Walden, R.A. (2019): Notes from the Underlands, siehe https://rawalden.com/Notes-From-The-Underlands

182 Mingus, Mia (2019): Dreaming Accountability, siehe *https://leavingevidence.wordpress.com/2019/05/05/dreaming-accountability-dreaming-a-returning-to-ourselves-and-each-other/*

183 Mingus, Mia (2023): Pods: The Building Blocks of Transformative Justice & Collective Care, siehe https://www.soiltjp.org/our-work/resources/pods

184 Jehle, Jörg-Martin,/Hohmann-Fricke, Sabine (2016): Legalbewährung nach strafrechtlichen Sanktionen. Eine bundesweite Rückfalluntersuchung 2010 bis 2013 und 2004 bis 2013, S. 37, siehe https://www.bmj.de/SharedDocs/Publikationen/DE/Fachpublikationen/2021_Rueckfallstatistik.html

185 Ebd.

186 Arend, Anne (2024): „Die Scham muss die Seite wechseln", siehe https://www.zdf.de/nachrichten/heute-journal/scham-wechselt-seite-100.html

187 Communities Against Rape and Abuse (CARA): Taking risks: implementing grassroots community accountability strategies, siehe https://solidarity-us.org/files/Implementing%20Grassroots%20Accountability%20Strategies.pdf

188 Ebd., S. 68.

189 Redecker 2023, S. 99

190 Kommission Wilhelminenberg (2013): Endbericht der Kommission Wilhelminenberg, siehe http://www.kommission-wilhelminenberg.at/presse/jun2013/Bericht-Wilhelminenberg-web_code.pdf

191 Schröttle, Monika/Arnis, Maria/Kraetsch, Clemens/Homann, Tanah/Weis, Claudia, Herl, Tamara /La Guardia, Tim/Lehmann, Clara (2024): Gewalt und Gewaltschutz in Einrichtungen der Behindertenhilfe, siehe https://www.bmfsfj.de/resource/blob/241794/ed7d3d54afe63e4ba46d9b-6fe9ecc12c/gewalt-und-gewaltschutz-in-einrichtungen-der-behindertenhilfe-kurzfassung-data.pdf

192 Piepzna-Samarasinha 2018, S. 16

193 Ebd., S. 18

194 Vgl. ebd.

195 Vgl. ebd.

196 Banks, Nina (2020). Black Women in the United States and Unpaid Collective Work: Theorizing the Community as a Site of Production. The Review of Black Political Economy, 47(4), S. 343–362

197 Banks 2020, S. 356

198 TallBear, Kim (2017): Disrupting Settlement, Sex, and Nature, siehe https://indigenousfutures.net/wp-content/uploads/2016/10/Kim_TallBear.pdf

199 Vgl. Tallbear 2017.

200 Tallbear 2017, S. 9

201 Vgl. Weeks, Kathi 2023

202 Ebd., S. 449

203 Fessler, Pirmin/Schürz Martin (2015): Private Wealth Across European Countries: The Role of Income, Inheritance and the Welfare State. ECB Working Paper Series., siehe https://www.ecb.europa.eu/pub/pdf/scpwps/ecbwp1847.en.pdf?872991c0c286098a2c7b1d94f28e24ca

204 Netzwerk Steuergerechtigkeit (n.d.): Vermögen, siehe https://www.netzwerk-steuergerechtigkeit.de/vermoegen/

205 Österreich.gv (2024): Erbschaftssteuer, siehe https://www.oesterreich.gv.at/themen/gesetze_und_recht/erben_und_vererben/1/Seite.792050.html

206 Genossenschaft Kalkbreite (n.d.): Startseite, siehe https://www.kalkbreite.net/

207 Vgl. Gotby 2023

208 Polit Pitor: For the Roma, Borders Don't Exist: An Interview with Małgorzata Mirga-Tas, https://culture.pl/en/article/for-the-roma-borders-dont-exist-an-interview-with-malgorzata-mirga-tas

209 Bachmann, Ingeborg (2005): Ich weiß keine bessere Welt. Unveröffentlichte Gedichte. München: Piper Verlag, S. 20

210 Diversity Arts Culture (n.d.): Person of Colour, https://diversity-arts-culture.berlin/woerterbuch/poc-person-color

211 Diversity Arts Culture (n.d.): Schwarz, https://diversity-arts-culture.berlin/woerterbuch/schwarz

212 Queer Lexikon (2024): Cis, siehe https://queer-lexikon.net/2017/06/15/cis/

213 Siehe zum Beispiel:
Banks, Nina (2020): Black Women in the United States and Unpaid Collective Work: Theorizing the Community as a Site of Production. In: The Review of Black Political Economy, 47/4, S. 343–62
Federici, Silvia (1974): Wages Against Housework. In: Burn It Down! Edited by Breanne Fahs. London/New York: Verso 2020, S. 127–136
Federici, Silvia (2012): Aufstand aus der Küche. Reproduktionsarbeit im globalen Kapitalismus und die unvollendete feministische Revolution. Münster: edition essemblage
Haug, Frigga (2011): Vier-in-einem-Perspektive als Leitfaden für Politik. In: Das Argument, 291, S. 241–250
Weeks, Kathi (2011): The Problem with Work. Durham: Duke University Press
Winker, Gabriele (2015): Care Revolution. Schritte in eine solidarische Gesellschaft. Bielefeld: Transcript.

Alle erwähnten Online-Quellen zuletzt abgerufen am 13. Juli 2025.

Bundesministerium
Wohnen, Kunst, Kultur,
Medien und Sport

Stadt Wien | Kultur

Die Arbeit an diesem Essay wurde vom Bundesministerium für Wohnen, Kunst, Kultur, Medien und Sport und von der Stadt Wien Kultur gefördert.

Verlag	WASSER Publishing FlexKapG Gentzgasse 51/4 1180 Wien post@dasistwasser.com www.dasistwasser.com
Lektorat	Stefanie Jaksch
Gestaltung & Satz	Sheila Ehm
Umschlagabbildung	Shutterstock/luri
Druck & Bindung	FINIDR, s.r.o., Český Těšín Printed in Europe

1. Auflage 2025

ISBN 978-3-903618-00-8